Vorträge der Detlefsen-Gesellschaft

Herausgeber Christian Boldt

Vorträge der Detlefsen-Gesellschaft

Band 17

Im Auftrag der Detlefsen-Gesellschaft

Das Erscheinen dieses Bandes wurde ermöglicht durch die finanzielle Förderung unserer Sponsoren:
Stadtwerke Glückstadt

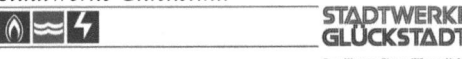

Sparkasse Westholstein, Filiale Glückstadt

Prof. Dr. Wilt Aden Schröder
Elke Witt
Gisela Nehls
Christian Boldt
Peter Meyer

Bibliografische Information der Deutschen Nationalbibliothek: Die Deutsche Nationalbibliothek verzeichnet diese Publikation in der Deutschen Nationalbibliografie; detaillierte bibliografische Daten sind im Internet über www.dnb.de abrufbar.

Redaktions- und Bezugsadresse
Christian Boldt M.A.
An der Au 11
25376 Borsfleth

Layout und Satz: Claudia Boldt
Herstellung und Verlag: BoD – Books on Demand, Norderstedt
ISBN: 978-3-7347-6077-8

Inhalt

Vorwort

Liebe Freundinnen und Freunde der Detlefsen-Gesellschaft,
ein ereignisreiches Jahr geht für unsere kleine Gesellschaft zu Ende.
Im Januar 1814 endete die Belagerung der Stadt Glückstadt durch die
Gegner Napoleons. Anlässlich des 200. Jahrestages dieses wichtigen
historischen Ereignisses, beschloss der Vorstand der Detlefsen-Gesellschaft im November 2012 unter Dr. Klaus-Joachim Lorenzen-Schmidt
eine Vortragsreihe zur Festungsgeschichte Glückstadts zu veranstalten.
Die sechs Vorträge sollten an die Belagerung vor 200 Jahren erinnern
und im Winter 2014 stattfinden (29. Januar bis 12. März 2014). Für die
Vortragsveranstaltung bekamen wir von der Stadt Glückstadt die Erlaubnis, den großen Saal und die Technik zu nutzen. Laut Gästebuch
kamen mehr als 800 Zuhörer. Besonders gefreut hat uns, dass dieses
Jubiläum, nach Bekanntgabe in der Presse durch Dr. Lorenzen-Schmidt,
von Vertretern aus Kultur, Gewerbe, Kirche, Stadt und Tourismus zum
Anlass genommen wurde, eine Festungswoche zu veranstalten. Das
Glückstadt Destination Management (GDM) organisierte historische
Stadtrundgänge mit dem Schwerpunkt Festungsgeschichte, viele Glückstädter Gastronomen riefen die „Festungsschmauswoche" aus und das
Detlefsen-Museum lud zu einem Vortrag zur Geschichte der Stadt ein.
Das GDM hat die Organisation dieser Veranstaltungen übernommen
und auch Flyer mit dem Programm drucken lassen, in denen auch unsere sechs Veranstaltungen gut beworben wurden. Einen herzlichen
Dank an dieser Stelle dafür. Die lokale Presse begleitete die Aktionen
wohlwollend und berichtete ausführlich über die einzelnen Veranstaltungen. Alle unsere Vorträge zur Festungsgeschichte werden auf vielfa-
chen Wunsch als Sonderpublikation im Rahmen unserer Vortragsreihe
herausgegeben.
Unser Tagungsband „Detlefsen zum 100. Todestag – Ein Colloquium
der Detlefsen-Gesellschaft Glückstadt" und unser reguläres Vortrags-
heft Nr. 16 haben wieder großen Anklang gefunden. Das freut uns und
bestätigt uns in unserer Arbeit. Die Detlefsen-Gesellschaft dankt an
dieser Stelle Frau Claudia Boldt für die gelungene Gestaltung (Grafik
u. Layout) der beiden Bände, Hans-Michael Sobetzko für die Erstellung

des Internet-Auftritts und H.-Peter Widderich für die Erstellung des Logos der Gesellschaft.

Ferner gilt unser Dank all unseren Referenten und Förderern – nur durch ihre Beiträge konnte die vorliegende Publikation entstehen.

Borsfleth im Winter 2014   *Christian Boldt M.A.*

August Twesten (1789–1876), ein lutherischer Theologe und Schleiermacher-Schüler aus Glückstadt[1]

Joachim Stüben

Wenn man das Online-Lexikon Wikipedia aufruft und als Suchbegriff „August Twesten" eingibt, dann stößt man auf Artikel über August Detlev (auch: Detlef) Christian Twesten – so der vollständige Name – in mehreren Fassungen. Twesten war lutherischer Theologe, aber auch Philosoph. Die Beiträge sind nicht lang, genügen aber für eine erste Orientierung. Wikipedia bietet Einträge in drei Sprachen: einen auf Deutsch,[2] einen auf Englisch[3] und einen auf Schwedisch,[4] aber keinen auf Plattdeutsch und erstaunlicherweise auch keinen auf Dänisch. Der deutsche Text ist eher biografisch orientiert, der englische eher theologisch, der schwedische liegt dazwischen.

---

1   *Der folgende Beitrag ist die ausgearbeitete Fassung eines Vortrags, den der Verfasser im März 2014 in Glückstadt halten wollte, aber aus terminlichen Gründen nicht halten konnte. Für die schriftliche Form ist das Kolorit der geplanten mündlichen Rede nicht ganz beseitigt worden.*
2   *http://de.wikipedia.org/wiki/August_Twesten (aufgerufen am 10. 10. 2014).*
3   *http://en.wikipedia.org/wiki/August_Detlev_Christian_Twesten (aufgerufen am 10. 10. 2014).*
4   *http://sv.wikipedia.org/wiki/August_Detlev_Christian_Twesten (aufgerufen am 10. 10. 2014).*

August Detlev Christian Twesten (1789–1876). Quelle: Carl Friedrich Georg Heinrici, D. August Twesten nach Tagebüchern und Briefen. Berlin 1889, Frontispiz. Auch abgebildet bei: Paul Steffen, August Twesten, Barthold Georg Niebuhr und die Familie Behrens in Bordesholm im 18. und 19. Jahrhundert, in: Rendsburger Jahrbuch 2006, S. 202.

In der Theologiegeschichte ist Twesten bis heute als „einer der wichtigsten Schüler"[5] und als Amtsnachfolger Friedrich Daniel Ernst Schlei-

5   *Matthias Wolfes in: August Twesten, Friedrich Schleiermacher, Einleitung zur Vorlesung über Dogmatische Theologie (Sommersemester 1811). Nachschrift*

ermachers (1768–1834) an der Berliner Universität bekannt, in wissenschaftlichen Bibliotheken mit theologischem Altbestand finden sich nicht selten die „Vorlesungen über die Dogmatik der evangelisch-lutherischen Kirche", Twestens Hauptwerk, dessen erster Band 1826 erschien, das er aber nie vollendete. August Twesten war außerdem der Vater des Juristen und nationalliberalen Politikers Karl Twesten (1820–1870).

Wegen des zeitlichen Abstandes, aber auch infolge gewisser Eigenwilligkeiten in Stil und Begrifflichkeit sind uns heutzutage weder Schleiermachers noch Twestens Texte unmittelbar eingängig. Es lohnt jedoch allemal – ein Interesse an der Theologie- und Philosophiegeschichte des 19. Jahrhunderts vorausgesetzt –, sich mit ihnen auseinanderzusetzen.

Dem örtlichen kulturellen Gedächtnis ist offenbar entfallen, dass Twesten in Glückstadt (nicht etwa in Kiel!)[6] geboren wurde und hier auch seine erste Ausbildung genoss. Eine Würdigung dieses nicht geringen Sohnes Glückstadts, die über den Umfang von Lexikonartikeln hinausginge,[7] gibt es aus neuerer Zeit m.W. nicht. Der für die Entwicklung der evangelischen Theologie im 20. Jahrhundert so bedeutende Karl Barth (1886–1968) sah Twesten offenbar nur als Ziehkind Schleiermachers an; jedenfalls begegnet Twestens Name in Barths Werk über die protestantische Theologie des 19. Jahrhunderts nur an zwei Stellen in dieser Sichtweise.[8] Auch in dem theologiegeschichtlichen Alterswerk Helmut Thielickes (1908–1986), bei dessen Konzeption der Hamburger Theologieprofessor nach eigenem Bekunden „von der Kunst des Weg-

---

    von August Detlev Christian Twesten. Hrsg. v. Matthias Wolfes. In: Zeitschrift
    für Kirchengeschichte 109 (1998), S. 80–99, dort S. 84.

6   *So Denis Thouard, Wie Flacius zum ersten Hermeneutiker der Moderne wurde:*
    Dilthey, Twesten, Schleiermacher und die Historiographie der Hermeneutik. In:
    Geschichte der Hermeneutik und die Methodik der textinterpretierenden Disziplinen. Hrsg. v. Jörg Schönert u. Friedrich Vollhardt. Berlin, New York 2005, S.
    265–279, dort S. 274.

7   *Ein Beispiel: Klaus-Gunther Wesseling, Twesten, August Detlef Christian. In:*
    BBKL 12 (1997), Sp. 758–761.

8   *Karl Barth, Die protestantische Theologie im 19. Jahrhundert. Ihre Vorgeschichte und Geschichte. Zollikon ²1952, S. 379, 518.*

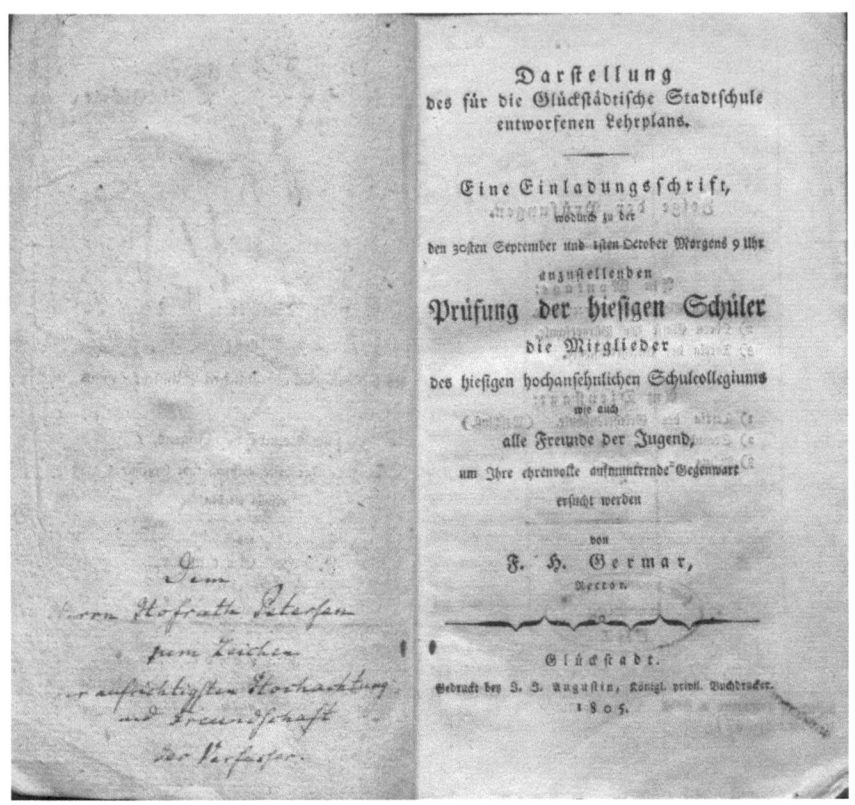

Titelblatt der Druckausgabe des Lehrplans für die Glückstädter Gelehrtenschule, mit persönlicher Widmung des Verfassers an „Herrn Hofrath Petersen." Liegeort: Nordkirchenbibliothek Hamburg (Signatur: Mi 5506).

lassens reichen Gebrauch machen mußte,"[9] taucht Twesten lediglich in dem ausführlichen Kapitel über Schleiermacher im Literaturverzeichnis auf.[10] Dafür hat ihm der Historiker Eckardt Opitz in seinem – wie man wohl zu Twestens Zeiten noch hätte sagen dürfen – Bildersaal lan-

---

9   Helmut Thielicke, *Glauben und Denken in der Neuzeit. Die großen Systeme der Theologie und Religionsphilosophie.* Tübingen 1983, S. X.
10   Thielicke, *Glauben und Denken,* S. 177.

desgeschichtlich bedeutender Persönlichkeiten von 1990 ein paar Seiten gewidmet.[11]

Die nachfolgenden Ausführungen sollen zwar kein dezidierter Fachvortrag sein, sondern allgemein die Erinnerung an eine Persönlichkeit wachrufen, die zumindest in den jüngeren stadtgeschichtlichen Darstellungen nicht vorkommt. Da Twesten sich aber von Berufs wegen zeitlebens mit philosophischen und theologischen Fragen beschäftigte und diese auch in einem bildungs- und kirchenpolitischen Horizont zu reflektieren hatte, sind entsprechende Bezugnahmen – teils auch in vertiefter Form – nicht zu vermeiden. Gelegentliche Erläuterungen im Haupttext wie in den Fußnoten sollen Verständnishilfen bei der Lektüre geben.

I.

Zunächst wollen wir anhand der biografischen Daten eine Skizze von Twestens Leben entwerfen. Dabei werden wir aus Platzgründen nicht alle Stationen erfassen können, sondern uns auf einige interessante Abschnitte konzentrieren. Die reichlich eingestreuten Zitate sollen einen Eindruck von dem Kolorit der zeitgenössischen Quellen und auch der Sekundärliteratur vermitteln.

August Twesten kam am 11. April 1789 als Sohn des Unteroffiziers Johann Twesten und dessen Ehefrau Sophie geb. Stoll in Glückstadt zur Welt.[12] Opitz stellt richtig fest, dass „Twesten die sozialen Bedingungen, unter denen er aufwuchs, nicht problematisiert"[13] habe. Seinen Kindheitserinnerungen haftet ein sehr anekdotischer Charakter an. Man

---

11 *Eckardt Opitz, Die unser Schatz und Reichtum sind. 60 Portraits aus Schleswig-Holstein. Hamburg 1990, S. 136–140.*

12 *Diese Angabe stammt von Twesten selbst: Carl Friedrich Georg Heinrici, D. August Twesten. Nach Tagebüchern und Briefen. Berlin 1889, S. 1. Carsten Erich Carstens, Twesten, August Detlev Christian. In: ADB 39 (1895), S. 30–34, dort S. 30, gibt als Beruf des Vaters „Handwerker" an (?). Auch verfügbar unter: http://www.deutsche-biographie.de/sfz83153.html (aufgerufen am 10. 10. 2014).*

13 *Opitz, Die unser Schatz und Reichtum sind, S. 136.*

kann ihnen aber entnehmen, dass er einen strengen Vater und eine liebevolle Mutter gehabt haben muss.[14]

Twesten besuchte die örtliche Gelehrtenschule, das spätere Königliche und heutige Detlefsen-Gymnasium. Dort gehörte der Rektor dieser Anstalt, Friedrich Heinrich Germar (1776–1868), zu seinen Lehrern. Dieser befasste sich als promovierter Theologe u.a. mit Fragen der biblischen Hermeneutik und des Verhältnisses von Glauben und Wissen; er wird dem jungen Twesten erste Anregungen für spätere Studien auf diesen Gebieten gegeben haben.[15] Einer Erläuterung des ab 1805 gültigen Lehrplans aus Germars Feder lässt sich entnehmen, wie der Religionsunterricht in den drei Klassenstufen der Glückstädter Gelehrtenschule seinerzeit – also während Twesten dort lernte – organisiert war: In der Tertia, der Secunda und der Prima gab es pro Woche zwei Stunden Religionsunterricht, dazu in der Tertia noch eine Wochenstunde „Biblische und moralische Erzählungen."[16] Insgesamt umfasste jede Klassenstufe vier Jahre. Die Inhalte des Religionsunterrichts scheinen sehr durch die damals in Holstein noch herrschende Aufklärung geprägt gewesen zu sein. Diese hatte auch in Glückstadt, dem Erscheinungsort der, wie der Landeshistoriker Otto Brandt (1892–1935) mit leiser Ironie bemerkt, „volksbeglückenden ‚Schleswig-Holsteinischen Anzeigen'" und „Sitz der Regierungskanzlei und einer starken Garnison",[17] viele Anhänger.

Zur Einführung in das Fach dienten die „Fragen an Kinder. Einleitung zum Unterricht in der Religion" (Zürich ca. 1770 u.ö.) des schweizerischen Pfarrers Hans Ulrich Irminger (1737–1805) als Lehrbuch. Daran schloss sich ein nicht näher bezeichnetes „Spruchbuch" an, vermutlich eine in leicht fasslichen Sätzen formulierte Sammlung von Bibel- und

14 *Heinrici, Twesten, S. 17–19.*

15 *Heinrici, Twesten, S. 20.*

16 *Friedrich Heinrich Germar, Darstellung des für die Glückstädtische Stadtschule entworfenen Lehrplans. Eine Einladungsschrift, wodurch zu der am 30sten September und zum 1sten October Morgens 9 Uhr anzustellenden Prüfung der hiesigen Schüler die Mitglieder des hiesigen hochansehnlichen Schulcollegiums wie auch alle Freunde der Jugend, um Ihre ehrenvolle aufmunternde Gegenwart ersucht werden. Glückstadt 1805, Falttafel. Siehe Abb. 2.*

17 *Otto Brandt, Geistesleben und Politik in Schleswig-Holstein um die Wende des 18. Jahrhunderts. Kiel ²1927, S. 177.*

Katechismusversen, die in Auswahl auswendig gelernt werden mussten. Dieser Wechsel wiederholte sich in der zweiten Hälfte der Tertia, wie Germar mit gefälligem Blick auf die eigene Leistung anmerkt, „ohne daß theils wegen des jährlichen Zwischenraums, theils wegen der verschiedenen Auswahl Ermüdung zu besorgen ist."[18] In der Secunda folgte derselbe Turnus mit den Unterfächern „Moral" und „Religionslehre". Dahinter verbarg sich einmal eine Einführung in die christliche Ethik anhand des Werkes „Lehrbuch der Moral und Religion nach reinen Grundsätzen für die gebildetere Jugend" (Schleswig 1796, 2. Aufl. 1799 unter leicht verändertem Titel). Der Verfasser war Detlev Johann Wilhelm Olshausen (1766–1823). Dieser der Aufklärung nahestehende, um das Schulwesen verdiente Lehrer, Pastor und Altphilologe war von 1801 bis 1815 Hauptprediger in Glückstadt, so dass Twesten ihn mit Sicherheit persönlich kannte. Der andere Teil betraf „die eigentliche, besonders christliche Religionslehre, verbunden mit allgemeiner Bibelkunde und einer kurzen Uebersicht der Religionsgeschichte."[19] In der Prima als höchster Klassenstufe fand „ein vierjähriger Cursus nach Niemeyer Lehrbuche," statt, „so daß in dem ersten Jahre die Einleitung in die Religionsschriften, im zweyten die Religionslehre, im dritten die Religionsgeschichte und im vierten die Moral abgehandelt wird."[20] Um welches Werk handelt es sich dabei? Germar meinte vermutlich das verbreitete „Lehrbuch für die oberen Religionsclassen gelehrter Schulen," das zuerst 1801 in Halle erschien und das mit leichten Titelveränderungen zahlreiche Auflagen erlebte, aber in theologischen Kreisen nicht unumstritten war. Es stammt aus der Feder August Hermann Niemeyers (1754–1828), eines vielseitigen, von einem vorsichtigen Erziehungsoptimismus getragenen Gelehrten der Goethe-Zeit, der u.a. als Direktor der Franckeschen Stiftungen wirkte und einer der Lehrer Schleiermachers war.[21] Wie dem Übersichtsplan zu entnehmen ist, lagen die

18 Germar, Darstellung, S. 29.
19 Germar, Darstellung, S. 30.
20 Germar, Darstellung, S. 30.
21 Ulrich Herrmann, August Hermann Niemeyer – Theologe, Pädagoge, hallescher Patriot. In: Licht und Schatten. August Hermann Niemeyer. Ein Leben an der Epochenwende um 1800. Hrsg. v. Brigitte Klosterberg. Halle 2004, S. 17–25, dort S. 9–21.

Schwerpunkte des Religionsunterrichts an der Glückstädter Gelehrtenschule zu Twestens Zeit auf dem Neuen Testament und der christlichen Ethik, bzw. Unterrichtsziel war, wie es Germar selbst ausdrückt, „theils die Bekanntschaft mit den merkwürdigsten biblischen Personen, theils und besonders die Bildung und Uebung des moralischen Urtheils und Gefühls."[22] Über den Religionsunterricht an der Glückstädter Gelehrtenschule in der letzten Zeit, bevor Germar Rektor wurde (1786–1802), die Twesten z.T. noch erlebte, gibt Detlef Detlefsen (1833–1911) in seiner Darstellung der Schulgeschichte einen flüchtigen Abriss.[23]

1808, nach Abschluss seiner Schulzeit, bezog Twesten die Universität Kiel. Dort widmete er sich zwei Jahre lang philologischen, philosophischen und theologischen Studien, wobei ihn das Lehrangebot nur zum Teil befriedigte. 1810 wechselte Twesten auf die im Jahr zuvor gegründete Universität zu Berlin, die spätere Friedrich-Wilhelms- und heutige Humboldt-Universität. Dieser Schritt sollte für den Lebensweg des Südwestholsteiners Twesten eine entscheidende Bedeutung bekommen. Unter dem Eindruck der Persönlichkeit Friedrich Schleiermachers, der zu den Mitgründern der Universität zu Berlin gehörte und an ihr als Professor wirkte,[24] legte sich Twesten schwerpunktmäßig auf das Studium der evangelischen Theologie. Die Freundschaft, die Twesten mit seinem Lehrer schloss, der seinerzeit der bedeutendste protestantische Theologe im deutschsprachigen Raum war, legte den Keim für die spätere Berufung Twestens auf dessen Lehrstuhl im Jahre 1834, zumal die Philosophische Fakultät Twesten schon 1814 als einen Kandidaten für die Nachfolge Johann Gottlieb Fichtes (1762–1814) vorschlagen sollte.[25] Bereits nach Jahresfrist – 1811 – verließ Twesten Berlin wieder (vermutlich „wegen beschränkter Mittel"[26]), um sich durch Erteilen von Privat-

22 Germar, Darstellung, S. 30.

23 Detlef Detlefsen, Geschichte des Königlichen Gymnasiums zum Glückstadt. Tl. 2–3. Glückstadt 1891, S. 15.

24 Kurt Nowak, Schleiermacher. Leben, Werk, Wirkung. Göttingen 2001, S. 215–223.

25 Walter Elliger, 150 Jahre theologische Fakultät Berlin. Eine Darstellung ihrer Geschichte von 1810 bis 1960 als Beitrag zu ihrem Jubiläum. Berlin 1960, S. 29–30.

26 Carstens, Twesten, S. 30.

unterricht sein Brot zu verdienen. Er selbst hielt über diesen Lebensabschnitt fest: „Darauf nahm ich eine Hauslehrerstelle in Hamburg an, in der ich jedoch nur ein halbes Jahr, bis Ostern 1812, verblieb, und dann ein Jahr in der Nähe von Altona[27] privatisierte, indem ich in den beiden Nachbarstädten, Hamburg und Altona, Unterricht gab.“[28]

Dass das schulische Lehramt für Twesten nur eine Übergangslösung war, erhellt daraus, dass er 1812/13 vergeblich versuchte, als wissenschaftliche Hilfskraft – in der damaligen Terminologie: Adjunct – in der Kieler Theologischen Fakultät unterzukommen, und dass er sich 1813 mit einer Arbeit über Hesiods Lehrgedicht „Werke und Tage“ von der dortigen Philosophischen Fakultät promovieren ließ. Danach siedelte August Twesten wieder nach Berlin über, um dort zunächst als Lehrer, dann als Schulaufseher an zwei Berliner Gymnasien zu wirken. Dass Twesten eigentlich nach einer universitären Stellung strebte, ist seiner Darstellung dieser Lebensphase eindeutig zu entnehmen: „… ich ging … im Frühling 1813 als Lehrer am Friedrichswerderschen Gymnasium nach Berlin. Von diesem ging ich 1814 als Inspector an das Joachimthalische Gymnasium über, wo mir mehr Muße blieb, um mich, wohin meine Neigung ging, zum akademischen Berufe vorzubereiten.“[29]

Im Jahre 1814 vollzog sich für Twesten der Übergang in die im engeren Sinne akademische Welt: Mit Wirkung vom 29. September 1814 wurde Twesten zum außerordentlichen Professor der Theologie und der Philosophie an der Universität Kiel berufen. Das bedeutete für ihn, zum zweitenmal von Berlin in seine schleswig-holsteinische Heimat umzuziehen. Twestens autobiografische Bemerkung, dadurch „in äußerer Hinsicht für den Augenblick“[30] nichts gewonnen zu haben, bezog er vermutlich auf die Besoldung. Die Universität befand sich damals in der Umbruchsphase zwischen Aufklärung, Idealismus und Historismus, und von Twesten wurde erwartet, die Tradition des 18. Jahrhunderts in beiden Fakultäten zu bewahren: „Nach dem Wunsch der Deutschen Kanzlei sollte er [Twesten] die Aufklärung gegen den metaphysischen

---

27 *Und zwar in Eimsbüttel: Jendris Alwast, Twesten, August Detlev Christian, in: SHBL 8 (1987), S. 353–356, dort S. 353.*

28 *Heinrici, Twesten, S. 1.*

29 *Heinrici, Twesten, S. 2.*

30 *Heinrici, Twesten, S. 2.*

Empirismus Schellings[31] vertreten und eine Alternative zu Reinholds[32] damaligem Standpunkt, einer realistischen Philosophie Bardilischer[33] Provenienz, bilden."[34]

Zu Twestens Aufgaben gehörte das Abhalten von Vorlesungen über Exegese, Logik und Pädagogik, wobei die obrigkeitliche Vorgabe lautete, „auf Faßlichkeit in der Art des Vortrags"[35] zu achten. Damit sollte einer Verwirrung und Verunsicherung der Studenten durch eine zunehmend alltagsfremde Sprache, wie sie die Vertreter des Deutschen Idealismus verwendeten (und vermutlich auch die in ihr beschlossenen Inhalte), vorgebeugt werden.

1816 verheiratete sich August Twesten mit Catharina Amalia Margarethe Behrens (1795–1878), gebürtig aus Bordesholm und verstorben zu Berlin. Sie war die Tochter des Juristen, Bordesholmer Amtsschreibers und späteren Stapelholmer Landvogts Siegfried Johann Georg Behrens (1768–1828).[36]

Der theologische Rationalismus, der im frühen 19. Jahrhundert in Schleswig-Holstein noch sehr einflussreich war, hatte Twesten schon in seiner Kieler Studienzeit religiös nicht befriedigen können.[37] Vielleicht war es das Bedürfnis, seine eigene Auffassung, die alsbald in einem gemäßigten Supranaturalismus in Verbindung mit einer Nähe zur lu-

---

31   *Friedrich Wilhelm Schelling (1775–1854), exponierter Vertreter des Deutschen Idealismus, der eine schwer verständliche Identitätsphilosophie von Natur und Geist entwickelte.*

32   *Karl Leonhard Reinhold (1757–1823), seit 1794 in Kiel, eklektischer Philosoph zwischen Aufklärung und Deutschem Idealismus, u.a. Vermittler der Transzendentalphilosophie Kants.*

33   *Christoph Gottfried Bardili (1761–1808), realistischer Philosoph und Gegner Immanuel Kants in Stuttgart.*

34   *Jendris Alwast, Geschichte der Theologischen Fakultät 1665–1865. Von ihrer Gründung an der gottorfisch-herzoglichen Christian-Albrechts-Universität bis zum Ende der gesamtstaatlichen Zeit. Norderstedt 2008, S. 173.*

35   *Zitiert nach: Alwast, Geschichte der Theologischen Fakultät, S. 173–174.*

36   *Paul Steffen, August Twesten, Barthold Georg Niebuhr und die Familie Behrens in Bordesholm im 18. Und 19. Jahrhundert. In: Rendsburger Jahrbuch 2006, S. 200–204, dort S. 201–202.*

37   *Heinrici, Twesten, S. 21.*

therischen Konfession bestand, genauer darzulegen und die Studenten dazu anzuregen, für sich zu entscheiden, ob die eigene Position mit dem angestrebten geistlichen Amt vereinbar sei, dass Twesten 1816 unter Berücksichtigung der historischen Kritik Vorlesungen über die altkirchlichen Glaubensbekenntnisse und die Augsburgische Konfession hielt.[38] Zur selben Zeit schrieb Twesten auch viel beachtete Beiträge in den 1815 ins Leben gerufenen „Kieler Blättern", eines frühliberal geprägten Periodikums: „Die Gründung der Kieler Blätter war eine gemeinsame Initiative von vier jüngeren, miteinander befreundeten Kieler Professoren: des Juristen Carl Theodor Welcker, des Historikers Friedrich Christoph Dahlmann, des Juristen Nikolaus Falck und des Theologen August Christian Detlev Twesten."[39]

In dieser Zeitschrift kamen neben den politischen und verfassungsrechtlichen Themen, die die Gemüter in der Ära nach Napoleon bewegten, auch philosophische und religiöse Fragen zur Erörterung, und es widersprach dem Profil durchaus nicht, wenn sich Personen wie der Kieler Theologieprofessor Johann Friedrich Kleuker (1749–1827), der dem konservativen Emkendorfer Kreis nahestand, in den „Kieler Blättern" ablehnend zu der Bibelausgabe des gemäßigt rationalistischen Altonaer Kompastors (zweiten Pfarrers) Nikolaus Funk (1767–1857) äußerte.[40]

Zum Reformationsjubiläum 1817 veröffentliche Claus Harms (1778–1855), seit 1816 Archidiakon (erster Pfarrer) an der Kieler Nikolai-

---

38 *August Twesten, Die drey ökumenischen Symbola, die Augsburgische Confession, und die repetitio Confessionis Augustanae. Kiel 1816; Carl Friedrich Georg Heinrici, Twesten, August Detlev Christian. In: RE3 20 (1908), S. 171–177, dort S. 173–174; Walter Göbell, Die Theologische Fakultät an der Universität Kiel von der Aufklärung bis zum Jahr 1867. In: Schleswig-Holsteinische Kirchengeschichte. Hrsg. v. Verein für Schleswig-Holsteinische Kirchengeschichte. Bd. 5. Neumünster 1989, S. 53–75, dort S. 62–63.*

39 *Klaus A. Vogel, Der Kreis um die Kieler Blätter (1815-1821). Politische Positionen einer frühen liberalen Gruppierung in Schleswig-Holstein. Frankfurt/ Main u.a. 1989, S. 6.*

40 *Jendris Alwast, Die Aufklärungszeit. In: Schleswig-Holsteinische Kirchengeschichte. Hrsg. vom Verein für Schleswig-Holsteinische Kirchengeschichte. Bd. 5. Neumünster 1989, S. 13–51, dort S. 44–45.*

kirche, zusammen mit Luthers 95 Thesen 95 eigene Thesen, in denen er den theologischen Rationalismus hart angriff.[41] Damit rief Harms, der stark von der Erweckungsbewegung beeinflusst war, eine Flut von Streitschriften hervor und erreichte nach eigener Wahrnehmung ein Zurückdrängen der ‚Vernunfttheologie‘ in Schleswig-Holstein: „Fragen wir aber nachgerade, denn der Leser möchte wohl ebenso gern wie ich selber die Thesenzeit ablaufen sehen: Was hat denn mit diesem Streit die Sache des Glaubens gewonnen? Das weiß ich wohl, daß meine Thesen allein die große Veränderung nicht hervorgebracht haben, welche seit 1817 im öffentlichen Bekenntnisse, namentlich von der Kanzel, vorgegangen ist. Die Veränderung ist diese, das kann ich frei sagen: bis dahin waren die Herzogtümer … fast durchaus rationalistisch, seit diesem Jahre und in wenigen Jahren darnach wurden die Herzogtümer fast durchaus orthodox, wenigstens was die Prediger anbetrifft.“[42]

August Twesten – er kannte Harms natürlich, war sogar eng mit ihm vertraut[43] – stand, wenn wir der Aussage des Letzteren trauen dürfen, im Thesenstreit auf dessen Seite: „Es hatte sich in den Jahren unter den Studierenden, und unter anderen auch, die Redensart gemacht: Twesten bekehrt seine Zuhörer und Harms tauft sie alsdann.“[44] Harms fügt dann noch hinzu:

„Auch der eben genennete Professor wird es nicht allein, auch nicht in alleiniger Gemeinschaft mit mir getan haben wollen, sondern es gingen in diesen Tagen viele junge Theologen nach Berlin und brachten die etwa hier begonnene Orthodoxie geförderter, gereifter in unser Land

41 *Claus Harms, Das sind die 95 theses oder Streitsätze Dr. Luthers, theuren Andenkens. Zum besondern Abdruck besorgt und mit andern 95 Sätzen als mit einer Uebersetzung aus Ao. 1517 in 1817 begleitet von Claus Harms, Archidiakonus an der St. Nicolaikirche in Kiel. Kiel 1817.*

42 *Claus Harms, Ausgewählte Schriften und Predigten. Hrsg. v. Peter Meinhold. Bd. 1. Flensburg 1955, S. 127–128.*

43 *An Schleiermacher schrieb Twesten am 25. 9. 1818: „… er [Harms] ist von mir gewohnt, daß ich ihm meine Meinung gerade und aufrichtig sage.“*

44 *Harms, Ausgewählte Schriften, S. 128.*

zurück. Nenne ich in dankbarer Erinnerung Schleiermacher und Neander ..."[45]

Damit schließt sich in gewisser Weise ein Kreis: Nicht nur Twesten, sondern auch Harms, der übrigens 1802 sein theologisches Examen in Glückstadt abgelegt hatte,[46] und der aus Hamburg gebürtige jüdische Konvertit August Neander (1789–1850), Professor für Kirchengeschichte in Berlin und profilierter Vertreter der Erweckungstheologie in Preußen, standen stark unter dem Einfluss Schleiermachers, ohne mit ihm aber völlig übereinzustimmen.[47] Twesten jedenfalls hat Schleiermachers differenzierte Beurteilungen geschätzt. Dies geht aus einem Brief hervor, den Twesten am 10. 10. 1817 an den damals in Rom weilenden Philosophen Christian August Brandis (1790–1867) schrieb: Twesten bezeichnet die radikal Erweckten als „frömmelnde Partei", die gegen Schleiermacher eine „Freiheit der philosophischen Ansicht" ablehne, „die selbst in der katholischen Kirche nicht versagt ist" und die von diesem vertretene „philosophische Hinleitung zur Offenbarung" als in der Gegenwart besten Weg ansieht, auf dem „eine Menge der durch Philosophie irre gewordenen zum Kirchenglauben wieder hingeführt und damit versöhnt werden können." Dabei fügt Twesten bedeutungsvoll hinzu: „wie das nicht nur mir, sondern nach seinem eigenen Geständniß selbst Neandern geschehen ist."[48] Damit spricht Twesten mittelbar

45 Harms, *Ausgewählte Schriften*, S. 128. *Vgl. den zugehörigen Passus in Schleiermachers Brief an Twesten vom 12. 8. 1818, abgedruckt in: Heinrici, Twesten, S. 335.*

46 Harms, *Ausgewählte Schriften*, S. 82–84.

47 Gustav Adolf Benrath, *Die Erweckung innerhalb der deutschen Landeskirchen 1815–1888. Ein Überblick. In: Der Pietismus im neunzehnten und zwanzigsten Jahrhundert = Geschichte des Pietismus, Bd. 3). Hrsg. v. Ulrich Gäbler. Göttingen 2000, S. 150–271, dort S. 162: „Friedrich ... Schleiermacher ..., der die Studenten der Theologie wohl am weitesten über den alten Rationalismus hinausführte und neu orientierte, war den Erweckten freilich nicht einfach und nicht entschieden genug." Vgl. ebd., S. 211; Lorenz Hein, Claus Harms – Leben und Werk. In: Schleswig-Holsteinische Kirchengeschichte. Hrsg. v. Verein für Schleswig-Holsteinische Kirchengeschichte. Bd. 5. Neumünster 1989, S. 77–124, dort S. 90–91.*

48 Heinrici, *Twesten, S. 301.*

21

aus, wo er und sein späterer Fakultätskollege Neander stehen und durch wen sie dorthin gekommen sind, wo sie stehen.

1818, als der Thesenstreit auf dem Höhepunkt war, erreichte Twesten ein Ruf an die neu gegründete Rheinische Friedrich-Wilhelms-Universität in Bonn. Diese sollte als akademische Ausbildungsstätte für die nach dem Wiener Kongress zu Preußen gekommenen Provinzen Rheinland und Westphalen dienen.[49] Ein ehrenvoller Ruf also, doch nach anfänglicher Neigung und schon getroffenen Vorbereitungen machte Twesten einen Rückzieher. Diesen begründete er umständlich in einem Brief, den er am 25. 9. 1818 an Schleiermacher richtete. Ob der gebürtige Glückstädter Twesten diese Entscheidung letztlich infolge eines „Festgewurzeltseins im Holsteinischen Boden"[50] traf, wird man nicht mehr zuverlässig ermitteln können. Es sollte nicht der letzte Versuch auswärtiger Kräfte sein, Twesten aus seiner Heimat (wieder) nach Preußen wegzulocken.

1819 wurde Twesten außerordentlicher Professor für Systematische Theologie unter Beibehaltung der außerordentlichen Professur für Philosophie. Das hatte für Twesten höhere Bezüge, aber auch eine höhere Arbeitsbelastung zur Folge: „Seine Lehrthätigkeit wurde immer ausgedehnter. Bis fünf Stunden den Tag hatte er zu lesen, besonders als er für Heinrich[51] auch die Leitung des philologischen Seminars übernahm.[52] Neben der Logik, welche von allen Studenten mit Eifer und Dankbarkeit gehört wurde, las er über die Pädagogik und das Kantische System,[53]

49 Rudolf v. Thadden, Eine preußische Kirchengeschichte. Göttingen 2013, S. 45–46.

50 Heinrici, Twesten, S. 336.

51 Karl Friedrich Heinrich (1774–1838), klassischer Philologe, seit 1804 Professor in Kiel, von wo er, mit seiner beruflichen Situation unzufrieden, 1818 zur Universität Bonn überwechselte.

52 Alwast, Geschichte der Theologischen Fakultät, S. 224: „Twesten war in den Jahren 1818–1820 und 1825–1827 kommissarischer Leiter des philologischen Seminars."

53 Immanuel Kant (1724–1804), Philosoph, von 1770 bis zu seinem Tode ordentlicher Professor der Logik und Metaphysik in Königsberg, Begründer des Deutschen Idealismus und der erfahrungsorientierten, aber auch erfahrungskritischen Transzendentalphilosophie.

auch über Herbarts praktische Philosophie.[54] Seine Vorlesungen über die Augustana[55] erweiterten sich zu Vorträgen über die symbolischen Bücher.[56] Die Dogmatik suchte er geschichtlich unter Schleiermachers Anregungen zu verstehen und zugleich über die religiösen Principien in Vorträgen über philosophische Theologie Klarheit zu schaffen. Dazu kamen die Vorlesungen über die Ethik, die Lehre von der Kirche, die theologische Encyklopädie und endlich über sämmtliche Bücher und Stoffe der neutestamentlichen Wissenschaft."[57]

Zu diesem breiten Tätigkeitsspektrum gehörte ein gewaltiges Lektüre-Pensum, über das Twesten und seine Frau, die im Freundes- und Verwandtenkreis ‚Tine' hieß, eine Art Journal führten. Dieses verschafft einen Eindruck von den Anforderungen, die das akademische Lehramt für den Kieler Professor mit sich brachte.[58] Im Rahmen dieser seiner universitären Tätigkeit äußerte sich Twesten in einem undatierten Gutachten auch über die Lehrerausbildung samt deren fachlichen und pädagogischen Notwendigkeiten. Er forderte angesichts der herrschenden Missstände als Einstellungsvoraussetzung für die Gelehrtenschulen des Landes – somit auch für die Lehranstalt seiner Geburtsstadt – „ein eigenständiges Schulamtsexamen, das bei der Besetzung von Schulstellen zur Bedingung gemacht werden müsse."[59] Neben einer allgemeinen wissenschaftlichen Grundbildung betonte Twesten die Notwendigkeit fachlicher Kompetenz, gründlicher Kenntnisse in Erziehungstheorie und praktischer Fähigkeit bzw. Erfahrung im Unterrichten.[60] Diese sehr fortschrittlich anmutende Stellungnahme, die noch durch die Empfeh-

---

54   *Johann Friedrich Herbart (1776–1841), Philosoph, Pädagoge und Schulreformer, damals an der Universität Königsberg tätig. Herbarts „Practische Philosophie" war in erster Auflage 1808 in Göttingen erschienen.*

55   *D.h. die Augsburgische Konfession von 1530, die in ihrer ursprünglichen Form zu den lutherischen Bekenntnisschriften gehört.*

56   *D.h. die Bekenntnisschriften der lutherischen und vielleicht auch der reformierten Kirche. ‚Symbol' bedeutet hier ‚Glaubensbekenntnis'.*

57   *Heinrici, Twesten, S. 339.*

58   *Heinrici, Twesten, S. 340.*

59   *Alwast, Geschichte der Theologischen Fakultät, S. 225.*

60   *Twesten bei Alwast, Geschichte der Theologischen Fakultät, S. 225.*

lung ergänzt wurde, die Gymnasiallehrerausbildung an der Universität anzusiedeln, hatte kein im Schulwesen Unerfahrener gemacht.

1825 veröffentlichte August Twesten seine „Logik". In diesem Werk weist er dieser altehrwürdigen Disziplin im Anschluss an Schleiermachers Wissenschaftslehre die Aufgabe zu, als Grundlage der philosophischen und theologischen Reflexion zu dienen: „Die Logik war nach Twestens Auffassung eine grammatica rationalis. Sie lieferte der Theologie, vorab der Dogmatik, die Methode sicherer und klarer Beweisführung, und sie bewahrte die Philosophie davor, die Logik als eine Wissenslehre aufzubauen. Logik hatte vielmehr eine dienende Funktion für die theologische Denkarbeit. Twesten gründete sie auf empirische Psychologie. Ihre Antriebe waren Induktion und Analogie."[61]

Dieser Ansatz lässt sich auch als mittelbare Kritik an Georg Friedrich Wilhelm Hegel (1770–1831) und anderen Philosophen verstehen, die es unternahmen, „in Form einer Wissenschaftslehre die Ableitung geschichtlicher Stoffe unter dem Schein des an sich Vernünftigen zu erschleichen."[62] Vielleicht liegt hierin der Grund dafür, dass kein Geringerer als Arthur Schopenhauer (1788–1860), ein Gegner Hegels und (wenn man von einigen Mystikern absieht) auch des Christentums, Twestens „Logik", die dieser 1834 in einer umgearbeiteten, leichter verständlichen Fassung noch einmal veröffentlichte,[63] mit großem Lob bedacht haben soll.[64] Interessant ist, dass Twesten, der seinen Lesern eine Bibliographie der Klassiker der Logik von Aristoteles († 322 v. Chr.) bis zu seiner Gegenwart bietet,[65] am Ende seines Werkes in mehreren Pa-

---

61 Alwast, Geschichte der Theologischen Fakultät, S. 195.

62 Heinrici, Twesten, S. 367.

63 August Twesten, Grundriß der analytischen Logik. Für seine Vorlesungen entworfen. Kiel 1834.

64 So jedenfalls Alwast, Geschichte der Theologischen Fakultät, S. 194–195, Anm. 350, der aber die zugehörige Belegstelle nicht angibt und Schopenhauer in seinem „Personenverzeichnis" (ebd., S. 259–270) nicht aufführt. Gemeint ist vermutlich: „Ueber die vierfache Wurzel des Satzes vom zureichenden Grunde" § 6 (Arthur Schopenhauer, Sämtliche Werke. Hrsg. v. Arthur Hübscher. Bd. 1: Schriften zur Erkenntnislehre. Wiesbaden 1948, S. 8).

65 August Twesten, Die Logik, insbesondere die Analytik. Schleswig 1824, S. 12–14.

ragrafen den Begriff des Glaubens thematisiert.[66] Darauf werden wir im zweiten Kapitel näher eingehen.

Das Jahr 1826 brachte für Twesten zwei bedeutende Ehrungen: Er wurde mit der Ehrendoktorwürde der Theologischen Fakultät der Universität Bonn bedacht und zum Ritter des Danebrogordens geschlagen – eine dänische Verdienstauszeichnung, die seit 1808 auch Personen nichtadeliger Herkunft zugänglich war.[67]

Im selben Jahr erschien der erste Band der „Vorlesungen über die Dogmatik der Evangelisch-Lutherischen Kirche" bei Friedrich Perthes in Hamburg. Dieser erlebte bis 1838 vier Auflagen, nachdem im Jahr zuvor ohne Änderung des Gesamttitels eine Fortsetzung als „Zweiten Bandes erste Abtheilung" gefolgt war, „welche die Theologie und die Angelologie enthält."[68] Man darf dieses Opus, obwohl es unvollendet blieb, als Hauptwerk Twestens ansehen, „das ihn als wissenschaftlichen Theologen litterarisch beglaubigte."[69] Twesten bezieht sich, wie der Untertitel „nach dem Compendium des Herrn Dr. W. M. L. de Wette" anzeigt, auf das zweibändige „Lehrbuch der christlichen Dogmatik in ihrer historischen Entwickelung dargestellt", das 1826 in zweiter Auflage vorlag (Berlin 1818–1821). Der Verfasser war der vielseitig begabte Theologe Wilhelm Martin Leberecht de Wette (1770–1849), damals Professor in Basel. De Wette, der unter dem Einfluss des Fichte-Schülers Jakob Friedrich Fries (1773–1843) stand, versuchte auf seine Weise, den theologischen Rationalismus zu überwinden, aber so, dass er aufgrund eines ausgeprägten Interesses an Geschichte und Geschichtlichkeit des Christentums die historische Kritik als positives Erbe der Aufklärung für sein Vorhaben fruchtbar zu machen und den Anschluss an die kirchliche (in de Wettes damaligem Verständnis: evangelisch-reformierte) Tradition zu erreichen suchte. Barth charakterisiert de Wettes Persönlichkeit folgendermaßen: „So verwirklichte er nach außen die in Basel besonders erwünschte, aber gewiß auch allgemein eindrucksvolle Personalunion

---

66 *Twesten, Die Logik, S. 296–300.*

67 *Opitz, Die unser Schatz und Reichtum sind, S. 139.*

68 *August Twesten, Vorlesungen über die Dogmatik der Evangelisch-Lutherischen Kirche nach dem Compendium des Herrn Dr. W. M. L. de Wette. Bd. 1–2,1. Hamburg 1826 (⁴1838)–1837.*

69 *Heinrici, Twesten, S. 369.*

von besonnen moderner Philosophie, historisch-kritischer Gelehrsamkeit und Einfühlungskunst und gut kirchlicher Frömmigkeit."[70]

Twesten legte seinen Vorlesungen jenes Werk de Wettes zugrunde, um an bereits geleistete dogmengeschichtliche Arbeit anzuknüpfen, ohne vorbehaltlos mit ihr übereinzustimmen.[71] Leider würde es den Rahmen dieses Beitrags überschreiten, Twestens Hauptwerk einer genaueren Betrachtung zu unterziehen. Deswegen müssen ein paar Bemerkungen genügen: Twesten entfaltet in den „Vorlesungen über die Dogmatik" sein vermittlungstheologisches Anliegen in konfessioneller Orientierung. Sehr deutlich wird das aus den einleitenden Feststellungen, fachsprachlich Prinzipienlehre genannt: „Es gelte", so fasst es Twestens Schüler und Biograf Carl Friedrich Georg Heinrici (1844–1915) zusammen, „nicht eine einfache Rückkehr zum Alten; denn bloße Autorität sei keine Macht mehr, man fragt nach den Gründen. In Beibringung derselben geht T[westen], in umgekehrtem Verhältnis zu Schleiermacher, von dem gegebenen Stoffe der kirchlichen Lehrbestimmungen auf den tieferen Grund desselben zurück."[72] Wie wichtig in diesem Konzept die Bindung an die (nicht starr verstandene!) lutherische Lehrtradition ist, geht daraus hervor, dass Twesten schon sehr früh – in der „Allgemeinen Einleitung" – ihr Verhältnis zu anderen Religionen, anderen Kirchen, zur Philosophie und sogar zur praktischen Verkündigungsarbeit durchdenkt.[73] Bei der Behandlung der Dreieinigkeit bzw. des Verhältnisses von Gott und Welt, Schöpfer und Geschöpf im Rahmen der „Gotteslehre" stößt Twestens Vermittlungsansatz allerdings auf ernste Schwierigkeiten.[74] Die Einzelheiten, die die Abgründe, die hochfliegende theologische Reflexion aufreißen kann,[75] beispielhaft aufzeigen, mögen hier auf sich beruhen. Vermutlich spürte Twesten diese Schwierigkeiten und

---

70 Barth, *Die protestantische Theologie*, S. 435.

71 Heinrici, *Twesten, August Detlev Christian*, S. 174.

72 Heinrici, *Twesten, August Detlev Christian*, S. 174. Vgl. Elliger, *150 Jahre Theologische Fakultät*, S. 71.

73 Twesten, *Vorlesungen über die Dogmatik*, Bd. 1, S. 34–97.

74 Twesten, *Vorlesungen über die Dogmatik*, Bd. 2, 1, S. 179–304.

75 Dazu Alwast, *Geschichte der Theologischen Fakultät*, S. 196–200, der Twestens Gedankengänge auf hohem Niveau nachzeichnet und zusammenfasst.

ließ seine „Vorlesungen über die Dogmatik", deren erster Band sich gut verkaufte , unvollendet.

Von Juli bis Oktober 1827 unternahm Twesten mit seiner Gattin, nachdem sie ihre Kinder bei Freunden untergebracht hatten, eine Deutschlandreise. Diese führte sie u.a. nach Berlin und nach Bonn. Twestens Frau charakterisierte Hegel, dem sie in der Hauptstadt Preußens begegnete, in einer Weise, die zu der hochabstrakten Denk- und Schreibart dieses Philosophen passt: „Hegel ist ein kleiner blaß und elend aussehender Mann; sein Gesicht hat sehr markirte Züge; er sieht recht klug, aber sehr kalt aus. Gegen Twesten war er sehr artig."[76]

Im selben Jahr wurde die bedeutende Zeitschrift „Theologische Studien und Kritiken" aus der Taufe gehoben, die von Perthes in Hamburg verlegt wurde. Sie bildete das bedeutendste Sprachrohr der gemäßigten Vertreter innerhalb der protestantischen Theologie. Herausgeber waren Carl Christian Ullmann (1796–1865) und Friedrich Wilhelm Carl Umbreit (1795–1860), Twesten gehörte zu den Mitgestaltern und Beiträgern.[77] Die „Theologischen Studien und Kritiken", deren erster Jahrgang 1828 erschien, sollten in ihrer ursprünglichen Konzeption als, wie wir heute sagen, Plattform für ein „relativ breites Spektrum neuerer Theologie vom kritischen Idealismus bis zur Erweckungstheologie"[78] dienen; nur radikale Richtungen waren ausgeschlossen.

Im Jahre 1830 rief Twesten in seiner akademischen Rede zum 300jährigen Jubiläum der „Confessio Augustana" die protestantische Gewissensfreiheit und die Bedeutung eines klar bestimmten Verhältnisses von Staat und Kirche in Erinnerung. Er hielt diese Rede am 5. März, dem Tag, an dem die Wittenberger Theologen im Jahre 1530 dazu aufgefordert wurden, „für den bevorstehenden Reichstag die Hauptpunkte der evangelischen Lehre aufzusetzen."[79] Dieser Tag war für Twesten zu-

---

76 *Heinrici, Twesten, S. 404.*

77 *Alwast, Geschichte der Theologischen Fakultät, S. 200.*

78 *Gottfried Hornig, Lehre und Bekenntnis im Protestantismus. In: Die Lehrentwicklung im Rahmen der Ökumenizität (= Handbuch der Dogmen- und Theologiegeschichte. Hrsg. v. Carl Andresen. Bd. 3). Göttingen 1984, S. 71–287, dort S. 165.*

79 *Heinrici, Twesten, S. 424.*

gleich das Datum der Übernahme der Universitätsleitung.[80] Im selben Jahr lieferte er für die oben genannte Zeitschrift einen sympathischen und konstruktiven Beitrag, der ihm, wenngleich auf anderer Ebene, ebenfalls Gewissenssache war: „Gedanken und Wünsche über Recensionen. Von einem Leser."[81]

Mit dem Untertitel begibt sich Twesten, obwohl Beiträger der „Theologischen Studien und Kritiken", in die Lage derjenigen, die Rezensionen lesen (auch damals schon trotz der vorherrschenden maskulinen Sprachformen keineswegs nur Männer). Damit unterstreicht Twesten sein Anliegen: Zunächst betont er, Buchbesprechungen sollten nicht der Selbstdarstellung auf Kosten des besprochenen Werkes dienen, ebenso sei alle plumpe Schulmeisterei zu meiden. Es ist besser, so geht der Gedankengang sinngemäß weiter, Neuerscheinungen einem größeren Publikum bekanntzumachen und damit zur selbstständigen Meinungsbildung beizutragen: „Das Ziel bleibe, den Leser auf den Standpunkt zu erheben, auf dem er sich ein eigenes wohlbegründetes Urtheil über den Werth der Leistung bilden kann."[82]

Twesten geht – damit durchaus in der Tradition einer aufgeklärten Lesekultur stehend – von den Informationsbedürfnissen der Leserinnen und Leser aus. In diesem Sinne klingt auch sein pragmatischer Vorschlag, Tagesliteratur einfach nur anzuzeigen, bedeutendere Werke unter „Angabe ihres Inhalts, Zweckes, Planes, ihrer Methode, Grundgedanken u.s.w."[83] vorzustellen, herausragende Veröffentlichungen hingegen, von denen „wir ... einzelne, leider nur zu seltene Muster besitzen,"[84] ausführlich zu besprechen. Dabei ist Twesten sich der Subjektivität solcher Kriterien durchaus bewusst, hält diese aber für unvermeidbar. Die meisten kritischen Besprechungen erreichen, so Twesten weiter, den besagten Zweck nicht, weil sie mehr parteiische Werturteile als verwertbare Mitteilungen enthalten. Er erkennt auch messerscharf die

---

80 Heinrici, Twesten, August Detlev Christian, S. 175; Alwast, Twesten, August Detlev Christian, S. 354.

81 In: Theologische Studien und Kritiken 3 (1830), S. 509–538. Vgl. Heinrici, Twesten, S. 422–424.

82 Zit. nach: Heinrici, Twesten, S. 424.

83 Twesten, Gedanken und Wünsche, S. 513.

84 Twesten, Gedanken und Wünsche, S. 514.

manipulative Kraft, die von den Worten (vermeintlich) großer Geister ausgeht, die glauben „das übrige Publicum bevormunden und lenken zu müssen."[85] Das institutionelle Pendant dazu sind Organe, in denen ein bestimmte weltanschauliche Richtung allein zu Wort kommt: „Mich däucht, hätte ich die Sprache einer Parthei oder Schule zu verfechten, so würde es mich widern, auf diesem Wege den Sieg zu gewinnen, selbst wenn er sicherer wäre, als er doch meistens ist."[86]

Twesten möchte aber nicht in dem Sinne missverstanden werden, dass er Kritik bei Bücheranzeigen ganz und gar zurückdrängen möchte: „Eine gewisse, indirecte Kritik läßt sich selbst von der Anzeige, weit mehr noch von der Charakteristik nicht trennen."[87] Wie feinsinnig Twesten dabei denkt, geht aus seiner Empfehlung hervor, einerseits offenkundige und eindeutige Schwächen vorzustellender Werke nicht zu verschweigen, andererseits aber außerhalb der breiten Aufmerksamkeit stehende Publikationen, die originell oder zumindest tadellos gearbeitet sind, zu empfehlen. Immer soll es darum gehen, „den Leser in den Stand zu setzen, daß er nach eigner Einsicht zwischen Schriftsteller und Kritiker unterscheiden könne."[88] Schließlich erinnert Twesten daran, dass allzu forsche Belobigungen oder Verurteilungen sich nicht selten als Vor- und Fehlurteile erwiesen hätten, und nennt als Beispiel die negative Aufnahme von Kants „Kritik der reinen Vernunft" in sogenannten Fachkreisen. Twesten resümiert: „So nachsichtig gewöhnlich das Unvollkommene und Schülerhafte behandelt wird, so scharfsichtig werden häufig in den Meisterwerken und in dem, was der Nation zur Ehre gereicht, die kleinsten, oft nur eingebildeten, Flecken aufgespürt und zur Schau gestellt."[89]

Es sei dahingestellt, ob der Glückstädter mit diesem Urteil auch persönliche Kränkungen durch Kritikaster verarbeitete, an Aktualität haben seine Ausführungen zum Rezensionswesen jedenfalls nichts verloren! Der Theologe Twesten zeigt in diesem Aufsatz eine tolerant-

---

85 Twesten, *Gedanken und Wünsche*, S. 524.

86 Twesten, *Gedanken und Wünsche*, S. 527.

87 Twesten, *Gedanken und Wünsche*, S. 531.

88 Twesten, *Gedanken und Wünsche*, S. 532.

89 Twesten, *Gedanken und Wünsche*, S. 537.

differenzierte Mentalität, die man an manchem Geistesheroen des 19. Jahrhunderts vermisst.

Nach Schleiermachers Tod 1834 wurde Twesten für dessen Nachfolge vorgeschlagen. Wie 1818 – zwischenzeitlich hatte er auch einen Ruf nach Göttingen abgelehnt – zögerte Twesten: „Erst Neander und dann durch persönliche Verhandlung in Kiel Johannes Schulze[90] brachten seine Bedenken zum Schweigen."[91] Jendris Alwast fasst den Berufungsvorgang in den folgenden Worten zusammen: „Nach über zwanzigjähriger Wirksamkeit in Kiel gab Twesten mehrfachem Drängen der theologischen Fakultät in Berlin nach, wobei sich besonders August Neander für ihn einsetzte, und folgte 1835 einer Berufung auf den Lehrstuhl Schleiermachers."[92] Damit endete die nach der Einteilung Heinricis zweite Phase von Twestens Leben (1814–1835), und es begann die dritte und letzte (1835–1876).[93] Nachfolger auf Twestens Kieler Lehrstuhl wurde der 1852 aus politischen Gründen entlassene Anton Friedrich Ludwig Pelt (1799–1861), der 1822 in Glückstadt seine theologische Prüfung ablegt hatte.[94] Pelt griff gemeinsam mit seinem Fakultätskollegen Isaak August Dorner (1809–1884) die Anregungen Twestens zur Konzeptionierung und Etablierung einer universitär verorteten Erziehungswissenschaft auf: Hatte dieser, wie wir schon wissen, „ein eigenständiges Schulamtsexamen" gefordert „und dabei auch an die praktische Berufsvorbereitung der Gymnasiallehrer"[95] gedacht, so waren jene beiden maßgeblich an der Gründung des Pädagogischen Seminars durch Gustav Ferdinand Thaulow (1817–1883), den ersten Pädagogikprofessor an der Christian-Albrecht-Universität, beteiligt. Diese

---

90 *Johannes Schul(t)ze (1786–1869), wissenschaftlich ambitionierter Theologe und Philosoph, Hegelianer und seinerzeit preußischer Kultusbeamter.*

91 *Heinrici, Twesten, August Christian Detlev, S. 175.*

92 *Alwast, Geschichte der Theologischen Fakultät, S. 193.*

93 *Heinrici, Twesten, S. 253, 426.*

94 *Göbell, Die Theologische Fakultät, S. 55–56; Alwast, Geschichte der Theologischen Fakultät, S. 214–216, 226–228.*

95 *Opitz, Die unser Schatz und Reichtum sind, S. 140. Dorner wurde 1862 Twestens Fakultätskollege, als man ihn zum Oberkonsistorialrat und Professor für Systematische Theologie in Berlin ernannte.*

erfolgte 1843 und wäre „ohne die Vorarbeiten des Theologen [Twestens] kaum denkbar gewesen."[96]

Die Berufung nach Berlin war nicht nur wegen der Nähe des Ersteren zu Schleiermacher erfolgt, sondern auch, um „den wohlbedachten taktischen Versuch, zwischen dem Hegelianismus eines Marheineke[97] und dem orthodoxen Konfessionalismus eines Hengstenberg[98] eine theologisch wie kirchlich qualifizierte Mitte in der Fakultät zu schaffen."[99] Twesten sollte schwerpunktmäßig Dogmatik und neutestamentliche Exegese lehren. Der Umzug mitsamt Familie in die Hauptstadt Preußens fand im Sommer 1835 statt.

Als Berliner Universitätslehrer übernahm Twesten auch Aufgaben in der unierten Evangelischen Kirche in Preußen: 1841 wurde er Mitglied des Konsistoriums der Provinz Brandenburg und 1852 des Evangelischen Oberkirchenrats, der obersten Verwaltungsbehörde der Landeskirche mit Sitz in Berlin. In diesen Ämtern und als Universitätslehrer erlebte Twesten die auch in die Politik ausgreifenden Kämpfe zwischen den liberalen und – wie man die Neoorthodoxen seit ca. 1850 zu benennen pflegte – positiven Kräfte in der protestantischen Theologie, das zunehmende Gewicht der Letzteren in Preußen unter gleichzeitigem Bedeutungsverlust der Zwischenpositionen.[100] Diese Erscheinung bedürfte einer eigenen Betrachtung; sie erklärt sich nicht allein aus der Entwicklung der politischen Verhältnisse nach der Revolution von 1848/49 und auch nicht allein aus einer restaurativen Hochschulpolitik. In der Berliner wie in anderen theologischen Fakultäten Preußens ging es schon in der Zeit des Vormärz „um die Sicherung gegen den Einbruch extremer Tendenzen schlechthin, wie sie namentlich auch von linkshegelianischer Seite her drohten. Man legte Wert auf eine wohl-

---

96   *Opitz, Die unser Schatz und Reichtum sind, S. 140.*

97   *Philipp Konrad Marheineke (1780–1846), seit 1811 Professor der Theologie in Berlin.*

98   *Ernst Wilhelm Hengstenberg (1802–1869), seit 1826 Professor für Altes Testament in Berlin.*

99   *Elliger, 150 Jahre Theologische Fakultät, S. 29.*

100 *Johannes Wischmeyer, Theologiae Facultas. Rahmenbedingungen, Akteure und Wissenschaftsorganisation protestantischer Universitätstheologie in Tübingen, Jena, Erlangen und Berlin 1850–1870. Berlin, New York 2008, S. 281–287.*

temperierte Theologie, die sich gewiß der wissenschaftlichen Auseinandersetzung nicht verschloß, jedoch von verstiegenen Theoremen und
kritischen Exzessen fernhielt."[101]

Die Linkshegelianer entwickelten die Philosophie Hegels im Sinne
eines mehr oder minder radikalen Kritizismus weiter und gelangten
auf religiösem Gebiet überwiegend zu der Meinung, dass alle Religion
Menschenwerk sei. Damit löste sich – wie etwa bei Ludwig Feuerbach
(1804–1872) – „die Theologie in Anthropologie"[102] auf.

Twesten, der solchen Bestrebungen abhold war und somit jenen Anforderungen durchaus entsprach, hielt 1844 eine Vorlesung über einen
damals zwar nicht vergessenen, doch gegenüber den Reformatoren der
ersten Generation im Hintergrund stehenden Mann: Matthias Flacius
(1520–1575). Dieser trägt bis heute wegen seiner Herkunft aus Albo-
na (Labin) in Istrien den Beinamen ‚Illyricus'. Flacius' maßlose Streit-
sucht – er verstand sich als ‚gnesiolutheranus', also als jemand, der Luthers theologisches Erbe ohne Verfälschungen bewahrte – dürfte nicht
nur im Inhaltlichen, sondern auch in einer seelischen Veranlagung zu
suchen sein, die das Ihre zu dem unglücklichen Lebenslauf des land-
fremden Streiters beitrug. Auf der Grundlage dieser Vorlesung verfasste
Twesten eine kleine Monografie über Flacius, der eine Beigabe des jung
verstorbenen Hermann Rossel (1820–1846) hinzugefügt wurde. Die
„biographische Skizze", mit der Twesten das Werk einleitet, ist sicher
„genau und nützlich,"[103] aber trotzdem von protestantischer Hagiografie
nicht ganz frei. Andererseits zeigt sich der Einfluss des zeitgenössischen
Historismus darin, dass Twesten den Unterschied im öffentlichen wie
privaten Umgang mit theologischen Lehrstreitigkeiten im 16. Jahrhundert und in seiner Gegenwart klar sieht und benennt.[104] Der Vortrag vor
einem akademischen Publikum war für Twesten gewiss nach der Ent-

101 Elliger, 150 Jahre Theologische Fakultät, S. 31–32.
102 Hornig, Lehre und Bekenntnis, S. 165.
103 Thouard, Wie Flacius zum ersten Hermeneutiker der Moderne wurde, S. 273.
    Autobiografische Angaben des Flacius finden sich in deutscher Übersetzung in
    der zweiten Beilage bei Twesten, Flacius, S. 64–93, passim.
104 August Twesten, Matthias Flacius Illyricus, eine Vorlesung. Mit autobiogra-
    phischen Beilagen und einer Abhandlung über Melanchthons Verhalten zum
    Interim von Hermann Rossel. Berlin 1844, S. 1–31 passim. Auch verfügbar

deckung des Flacius, der inhaltlichen Ausarbeitung bzw. sprachlichen Formulierung der dritte Schritt, die Drucklegung der vierte.

Für Twesten ist Flacius deswegen eine nicht nur theologie-, sondern auch wissenschaftsgeschichtlich wichtige Gestalt, weil er – abgesehen von seinen Verdiensten auf dem Gebiet der Kirchengeschichtsschreibung[105] – mit seiner 1567 in erster Auflage zu Basel erschienen „Clavis Scripturae Sacrae seu De sermone Sacrarum Literarum" (zu Deutsch etwa: ‚Schlüssel zur Heiligen Schrift oder Über den sprachlichen Ausdruck der heiligen Bücher') als Begründer einer spezifisch protestantischen Form des Bibelverständnisses und der Bibeldeutung gilt: „Diese [die Heilige Schrift als Offenbarungsquelle] hat ihr eigenthümliches Begriffssystem, ihre eigentliche, ihre eigenthümliche Sprache und Bezeichnungsweise, in die man sich hineindenken und hineinleben muß, um sie in ihrer ganzen Tiefe zu verstehen."[106] Flacius' Werk, von dem ein Exemplar der Basler Edition von 1617 zur Münsterdorfer Predigerbibliothek gehört,[107] gliedert sich in zwei Teile: Der erste umfasst „das gesammte Begriffs- und Sprachgebiet der Bibel"[108] in alphabetischer Ordnung, wobei Flacius vereinzelt auch Stichwörter aufgenommen hat, die in den damaligen Lehrstreitigkeiten eine Rolle spielten[109] und sich

unter: http://books.google.de/books?id=wIwRAAAAYAAJ&printsec=frontcover &hl=de#v=onepage&q&f=false (aufgerufen am 3. 11. 2014).

105 *Twesten, Matthias Flacius Illyricus, S. 15–17.*

106 *Twesten, Matthias Flacius Illyricus, S. 24.*

107 *Matthais Flacius, CLAVIS SCRIPTVRÆ, S[acrae] SEV DE SERMONE Sacrarum literarum, Authore Matthia Flacio Illyrico … BASILEÆ, Per Sebastianum Henricpetri: cIɔ Iɔ CXVII [= 1567] (als Leihgabe in der Nordkirchenbibliothek, Signatur: Mün F 06).*

108 *Twesten, Matthias Flacius Illyricus, S. 24.*

109 *Flacius, CLAVIS SCRIPTVRÆ, Tl. 1, Sp. 22: "ADIAPHORON Græcè, Latinè indifferens seu res media dicitur. Vox verò hæc in sacris literis non reperitur, cum de ipsa re plurimus sermo fiat. Vocatur autem sic in Ecclesia, quicquid per sese nec probatum nec improbatum, vetitum aut mandatum est à Deo …" (‚Adiaphoron' bezeichnet auf Griechisch, auf Lateinisch etwas, das nicht entscheidend ist. Der Begriff findet sich in den heiligen Büchern nicht, obwohl die Sache selbst dort sehr häufig zur Sprache kommt. Man nennt aber in der Kirche alles*

auch – man denke an den preußischen Agendenstreit[110] – auf Twestens Zeit anwenden ließen. Der zweite ist der für die Hermeneutik entscheidendere Teil. Er handelt „von den Grundsätzen, durch deren Anwendung dasselbe [das richtige Schriftverständnis] gesichert werden soll,"[111] Das bringt der Untertitel mit der nachgestellten Partizipialkonstruktion „plurimas generales Regulas continens" zum Ausdruck. Der zweite Teil zerfällt seinerseits in sieben Abschnitte (‚tractatus‘). Von diesen wiederum ist der erste Abschnitt, betitelt „DE RATIONE COGNOSCENDI SACRAS LITERAS, TRACTATVS" (zu Deutsch etwa: ‚Abhandlung über die Methode, die heiligen Schriften zu verstehen‘), dazu geeignet, sich einen Eindruck von der flacianischen Hermeneutik zu verschaffen. Diese ruht auf einem beeindruckenden Fundus an Quellenmaterial und bezieht die Dimension des Geschichtlichen (und damit auch die Tradition) konsequent mit ein – allerdings notwendigerweise aus der Sichtweise eines Sonderlings der Reformation im Jahre 1567, dreizehn Jahre vor Erscheinen des Konkordienbuchs.[112] Flacius vollzog mit seiner „Clavis" nicht nur eine innerevangelische (und wohl auch persönliche) Selbstbesinnung, sondern hatte auch die katholische Lehre im Visier, der zufolge der Einbezug der kirchlichen Tradition für eine angemessene Bibelauslegung unbedingt erforderlich sei. Diese Hinweise müssen hier genügen, weil Flacius nicht unmittelbar unser Thema ist.

Der persönliche Hintergrund der Beschäftigung Twestens mit Flacius dürfte einmal die innere Entwicklung als Vermittlungstheologe, zum anderen die damalige kirchenpolitische Situation in Preußen ge-

dasjenige so, was von sich aus von Gott weder gebilligt noch missbilligt, weder verboten noch geboten worden ist …).

110 *Der Streit um die richtige Gottesdienstordnung, die zwischen 1821 und 1834 zwischen Friedrich Wilhelm III. und einem Teil der Pfarrer und Theologen der preußischen Unionskirche unter reger Beteiligung Schleiermachers ausgefochten wurde und zur Auswanderung zahlreicher Lutheraner nach Nordamerika und Australien führte.*

111 *Twesten, Matthias Flacius Illyricus, S. 24.*

112 *Flacius, CLAVIS SCRIPTVRÆ, Tl. 2, Sp. 1–122. Auf die knappe Charakterisitik in der älteren Monografie von Wilhelm Preger, Matthias Flacius Illyricus und seine Zeit. 2. Hälfte. Erlangen 1859 (Ndr. Hildesheim, Nieuwkoop 1964), S. 485–491, sei hier der Einfachheit halber hingewiesen.*

wesen sein, die die Frage nach den dauerhaften Grundlagen des Protestantismus im Allgemeinen, aber auch der geschichtlich gewordenen lutherischen, reformierten und eben unierten Kirchen im Besonderen aufwarf; man denke etwa an die Normativität der Bekenntnisschriften im Verhältnis zur Bibel oder die Mitwirkung von Laien beim Kirchenregiment.[113] Twesten feiert Flacius als jemanden, der die unzusammenhängenden Regeln der Schriftauslegung, die die Tradition, aber auch die theologischen Handbücher mit ihrem Formelwerk lieferten, überwunden und „zu der wohl geordneten Einheit eines hermeneutischen Systems"[114] übergegangen sei. Es ist umstritten, ob Flacius, dem der Philosoph Wilhelm Dilthey (1833–1911) in seinem Aufsatz „Die Entstehung der Hermeneutik" – wohl auch angeregt durch Twesten – dieselbe Krone aufsetzt wie dieser,[115] dieses Ehrenzeichen zu Recht trägt, und es ist schlechterdings unmöglich, diese Streitfrage hier zu entscheiden. Es bedürfte des Weiteren genauerer Prüfung, ob Twesten wirklich in Abweichung von Schleiermacher die theologische als die einzig wissenschaftliche Form der Hermeneutik ansah.[116]

1855 – eine zweite Auflage folgte 1863 – besorgte Twesten eine neue Ausgabe des „Compendium Locorum Theologicorum" des Wittenberger Professors Leonhart Hütter (1563–1616), das erstmals 1610 in Wittenberg erschienen war. Es handelt sich, vereinfacht gesagt, um ein Handbuch der lutherischen Lehre, wie sie in den Bekenntnisschriften und einigen frühen Dogmatiken lutherischer Theologen niedergelegt ist.[117] In dieser Eigenschaft als abgeleitetes Werk bedarf es aber im Sinne

113 *v. Thadden, Eine preußische Kirchengeschichte, S. 46–54.*

114 *Twesten, Matthias Flacius Illyricus, S. 25.*

115 *Wilhelm Dilthey, Die Entstehung der Hermeneutik, in: Gesammelte Schriften. Bd. 5. Leipzig u. Berlin 1924 (2. Aufl. Stuttgart 1957), S. 317–331; dort S. 324–325.*

116 *Thouard, Wie Flacius zum ersten Hermeneutker der Moderne wurde, S. 276–279. Vgl. dazu August Twesten, Einleitende Vorrede. In: Friedrich Schleiermacher, Grundriß der philosophischen Ethik. Berlin 1841, S. III–CII, dort S. LXVIII–LXIX.*

117 *Leonardus Hutterus, Compendium Locorum Theologicorum. Addita sunt excerpta ex Io. Wollebii et Ben. Picteti compendiis. Praefatus est August Detlev Christian Twesten. Berolini 1855 (²1863). Vgl. Leonhart Hütter, Compendium*

des Flacius anderer Auslegungsgrundsätze als die Heilige Schrift oder die Bekenntnisschriften selbst. Hütters „Compendium" ergänzte Twesten absichtsvoll um einige Passagen aus reformiert-orthodoxen Theologen wie Johannes Wolleb (1589–1629) und Bénédict Pictet (1655–1724). Dieses Unternehmen bestand nicht in wissenschaftlicher Arbeit, die den Zeitumständen enthoben gewesen wäre, sondern war wie schon das Büchlein über Flacius durch Versuche bedingt, die altprotestantische Orthodoxie in – wohlgemerkt – einseitiger Weise zur Lehrnorm zu erheben: „Unter den Besorgnissen, welche die Wiederbelebungsversuche der Orthodoxie des 17. Jahrhunderts aus kirchenpolitischen Rücksichten erweckten, entstanden die letzten freiwilligen litterarischen Äußerungen. Twesten fühlte sich um so mehr zum Aussprechen seiner Grundsätze und Urteile gedrängt, als ja seine theologische Arbeit auf Erhaltung der geschichtlichen Zusammenhänge und auf den Nachweis der Fruchtbaren in der protestantischen Scholastik gerichtet war."[118]

Außerdem versuchte Twesten, auf diesem mittelbaren Wege die 1837 abgebrochenen „Vorlesungen über die Dogmatik" über die Auseinandersetzung mit einem zwar alten, aber doch aktuellen Text fortzuführen. Das geht z.B. daraus hervor, dass Twesten Hütter – allerdings nicht speziell das „Compendium" – anlässlich einer Darstellung der frühen Lehrentwicklung der lutherischen Kirche erwähnt, die ihm als ein organischer Zusammenhang erscheint: „So bilden also die symbolischen Bücher, die übrigen Schriften der Reformatoren, und die Arbeiten der auf sie folgenden Theologen eine zusammenhängende Reihe von dogmatischen Bestrebungen, die kaum ohne eine gewisse Gewaltsamkeit zerrissen werden kann."[119] Die Hütter-Edition erweist sich somit als integraler Bestandteil der vermittlungstheologischen Anliegen Twestens. Auch in reiferem Alter rang Twesten immer noch mit den Kernproblemen seiner früher gewonnenen Position. Aufschlussreich ist dazu der Entwurf eines Briefes an den ihm theologisch nahestehenden Jenaer Kollegen Karl v. Hase (1800–1890) vom 30. 4. 1855. In diesem wichti-

Locorum Theologicorum ex Sacris Scripturis et Libro concordiae. Lateinisch – deutsch – englisch. Hrsg. v. Johann Anselm Steiger. Teilbd. 1. Stuttgart-Bad Canstatt 2006, S. 784, Anm. 272, 840–841.

118 *Heinrici, Twesten, S. 463–464.*

119 *Twesten, Vorlesungen über die Dogmatik, Bd. 1, S. 58.*

gen Dokument zieht Twesten in Bezug auf die Autorität der altprotestantischen Orthodoxie (und mit sanftem Seitenhieb auf jene zwei Lager im Protestantismus) den folgenden plastischen (und im Zeitalter der Neugotik wohl sehr passenden) Vergleich: „Wohl habe ich selbst aufmerksam zu machen gesucht, daß jene Definitionen, Distinctionen u. s. w. mehr Scharf- und Tiefsinn enthalten, als man lange Zeit darin hat finden wollen; wie aber der, der die Spitzbögen und Schnörkel eines Gothischen Doms zu schlagen weiß, darum nicht meint, daß auch jetzt ein Baumeister nur eine Gothische Kirche bauen dürfe, so kann ich in jenen Schriften kein Muster für unsere Zeit erkennen."[120]

Twesten fährt dann unmittelbar mit Blick auf seine Hütter-Ausgabe fort: „Deshalb habe ich es nützlich gefunden, die einfache Gestaltung unserer Dogmatik durch einen Mann, dem niemand die Orthodoxie absprechen darf, herzustellen, um sodann bei dem Versuche ihrer wissenschaftlichen Durchdringung frei und ungebunden verfahren zu können."[121]

Diese Zeilen, die sich noch durch entsprechende Passagen aus dem Vorwort zur Hütter-Edition ergänzen ließen,[122] vermitteln eine Vorstellung davon, wie sehr es Twesten am Herzen lag, konfessionelle Tradition und wissenschaftliche Theologie sinnvoll aufeinander zu beziehen. Elliger bescheinigt Twesten, zwar nach einer eigenen, „das Subjektive und Objektive in ihrer übergreifenden Einheit zusammenfassenden Anschauung des christlichen Glaubens" gestrebt zu haben, jedoch, „da es ihm nicht gelang, sich wirklich aus der Abhängigkeit der eingegangenen theologisch-kirchlichen Bindungen zu lösen und in einer selbständigen Konzeption die gestellte Aufgabe zu meistern, ... letzten Endes über den Versuch einer Vermittlung" nicht hinausgekommen zu sein."[123] Treffender wäre es zu sagen: aus der Abhängigkeit der theologisch-kirchlichen

---

120 Heinrici, Twesten, S. 465. Karl v. Hase befasste sich ebenfalls mit Leonhard Hütter.

121 Heinrici, Twesten, S. 465. Mir ist nicht bekannt, ob Twesten diesen Text jemals an v. Hase absandte.

122 August Twesten, Praefatio, in: Hutterus, Compendium Locorum Theologicorum, S. III–VIII, passim.

123 Elliger, 150 Jahre Theologische Fakultät, S. 31.

Bindungen, in denen Twesten aufgewachsen war. Wir werden auf dieses Urteil später zurückkommen.

Eine andere Seite von Twestens Biografie offenbart sich, wenn man auf die soziale Dimension des damaligen akademischen Lebens schaut. Es „war sehr an der Geselligkeit orientiert. Alle kannten sich, besuchten sich, luden sich ein."[124] Twesten pflegte etwa – persönlich wie brieflich – Umgang mit dem schon genannten Dilthey, der von der Theologie zur Philosophie kam und eine bis heute einflussreiche Theorie der Geisteswissenschaften entwickelte. Twesten verkehrte außerdem in, wie man zu seiner Zeit sagte, gelehrten und geselligen bürgerlichen Vereinen Berlins, z.B. in der „Montagsgesellschaft", der „Griechheit"[125] und der „Gesetzlosen Gesellschaft".[126] Außerdem gehörte Twesten zu den Gründungsmitgliedern der 1996 wiederbelebten „Mittwochsgesellschaft", „die 1863 von einem liberalen Kreis ... als eine ‚freie Gesellschaft für wissenschaftliche Unterhaltung' gegründet worden war."[127] Aus diesen Zusammenhängen kannte Twesten den preußischen Juristen und Politiker August v. Bethmann-Hollweg (1795–1877)[128] und den Philologen Moritz Haupt (1808–1874).

1868 hielt Twesten an der Berliner Universität zum hundertjährigen Geburtstag Schleiermachers die Gedächtnisrede. In dieser in der Druckfassung als „Vorlesung" betitelten Laudatio stellt Twesten – neben den üblichen Bescheidenheitsfloskeln – deutlich heraus, dass er die Ethik als den Kern des Lebenswerkes seines Lehrers und Mentors ansehe: „Die Ethik ist nun der eigentliche Mittelpunkt von Schleiermacher's wissenschaftlicher Thätigkeit; aus seinen ethischen Principien ist Alles abzuleiten, was er auf dem Gebiete der Wissenschaft leisten wollte und geleistet hat."[129]

124 *Thouard, Wie Flacius zum ersten Hermenutiker der Moderne wurde, S. 273.*

125 *Die uns heute merkwürdig anmutende Bezeichnung ist mit einem im späten 18. Jahrhundert aufgekommenen Schlagwort für ‚Griechentum' identisch, das in der ersten Hälfte des 19. Jahrhunderts in gebildeten Kreisen sehr gebräuchlich war.*

126 *Vgl. Heinrici, Twesten, S. 404.*

127 *Wischmeyer, Theologiae Facultas, S. 227.*

128 *Vgl. Heinrici, Twesten, S. 483.*

129 *August Twesten, Zur Erinnerung an Friedrich Daniel Ernst Schleiermacher. Vorlesung gehalten in der Königlichen Friedrich-Wilhelms-Universität zu Berlin*

Nochmals heißt es kurz danach, die „Ethik" sei „in Wahrheit der Schlüssel zum Verständnis aller seiner wissenschaftlichen Arbeiten,"[130] und an späterer Stelle blickt Twesten auf die Vorlesungen zurück, die Schleiermacher über seine eigene „Kurze Darstellung des theologischen Studiums" von 1811 hielt. Das Werk war, so Twesten, „von dem mächtigsten Einfluss auf die Jünglinge, welche, verwirrt in dem Streite der Philosophen und Theologen, Rationalisten und Suprarationalisten, Ungläubigen und Übergläubigen, an der Möglichkeit einer wissenschaftlichen Theologie selbst irre geworden waren."[131]

Mit den „Ungläubigen" und „Übergläubigen" will Twesten – so vermute ich – die äußersten Pole des damaligen Spektrums bezeichnen: die eingefleischten Atheisten und die ganz und gar Erweckten. Auch in diesen Worten spiegelt sich wider, dass Twesten Schleiermacher noch in der Rückschau als erfolgreichen Brückenbauer in einer religiös zerrissenen Zeit wahrnahm. Schon 1841 – ich möchte hier noch einmal ausführlicher werden – hatte Twesten Schleiermachers „Grundriß der philosophischen Ethik", zumindest mitveranlasst durch Kritik von Seiten des Jungen Deutschland, neu herausgegeben und mit einer ausführlichen Einleitung versehen. Diese basiert auf Schleiermachers Ethik-Vorlesungen aus der Zeit zwischen 1804 und 1832.[132] Schon damals war es „Twestens Überzeugung", dass es „die Ethik" sei, „in welcher Schleiermachers Eigenart ihren vollkommensten Ausdruck gefunden hatte."[133] Twestens Einleitung stellt noch mehr als die Gedenkrede von 1868 eine bedeutende Quelle für die Schleiermacher-Forschung dar, spiegelt sich doch in ihr wider, wie ein Schüler und Vertrauter des Meisters dessen geistige Entwicklung – auch unter Berücksichtigung Schellings[134] – in der Rückschau erinnerte, in den – aus heutiger Sicht gewiss etwas unkritischen – Worten Heinricis: „Durch Aufweis des Thatsächlichen protestiert Twesten gegen die Carricaturen Schleiermachers, welche

am 21. November 1868. Berlin 1869, S. 9.
130 *Twesten, Zur Erinnerung, S. 10.*
131 *Twesten, Zur Erinnerung, S. 23–24.*
132 *August Twesten, Einleitende Vorrede. In: Friedrich Schleiermacher, Grundriß der philosophischen Ethik. Berlin 1841, S. IV–VIII, XCV-XCVI. Vgl. Anm. 116.*
133 *Heinrici, Twesten, S. 452.*
134 *Twesten, Einleitende Vorrede, S. XIV.*

das junge Deutschland und das nach links abschwenkende Hegeltum gezeichnet hatten.“[135] Ethik – soviel sei hier noch gesagt – ist für Schleiermacher nicht wie bei den Aufklärungsphilosophen eine „Tugend- und Pflichtenlehre“,[136] sondern eine umfassende, alle Lebensbereiche erfassende Wissenschaft, die sich nicht darin erschöpft, der Einzelperson Anleitung und Orientierung bei der Lebensbewältigung zu geben.[137] Twesten veranschaulicht das so (und zeigt damit durchaus schriftstellerisches Geschick): „Denn eine Sittenlehre, die uns nichts anders darbietet, als jene herkömmlichen Vorschriften über die Pflichten gegen uns und Andere, in Beziehung auf den Leib und die Seele, auf Leben und Gesundheit u. s. w. wird freylich keine größere Anziehungskraft üben können, als eine Physik, welche die ganze Natur durch jene Gegensätze des Schweren und Leichten, des Feuchten und Trockenen, Warmen und Kalten ... begriffen zu haben meinte.“[138]

Grundlegend ist für Schleiermacher dabei der von ihm neu bestimmte Terminus des Gutes, das er gemeinschaftlich fasst und damit sozusagen die Bereiche moralischen Handelns umreißt: „Schleiermacher fand eben in der Erhebung zu einem höhern Standpunkte der sittlichen Betrachtung das Mittel, dem Güterbegriff eine ganz neue Bedeutung zu geben, indem sich ihm Recht und Verkehr, Sprache und Wissenschaft, Religion und Kunst, Familie, Staat und Kirche auf verschiedene Weise als unter demselben enthalten, und in ihrer Gesammtheit denselben erschöpfend darstellen.“[139]

Auch so etwas wie nationale Eigenart – diese Thematik wurde in der Romantik ja viel erörtert – wird so Bestandteil der Ethik als einer umfassenden Wissenschaft des Gemeinschaftslebens. Twesten ist in seiner „Einleitenden Vorrede“ darum bemüht, seine Ausführungen dadurch zu untermauern, dass er die einschlägigen Werke Schleiermachers, die unmittel- oder mittelbar ethische Bezüge aufweisen, einer Kurzcharakteristik zu unterziehen. Dazu zählen auch die 1800 anonym erschienenen „Vertrauten Briefe über Lucinde“, gegen dessen vordergründige

---

135 *Heinrici, Twesten, S. 452–453.*
136 *Twesten, Einleitende Vorrede, S. XXXIV.*
137 *Twesten, Einleitende Vorrede, S. XIV–XIX XXXII–XXXIII.*
138 *Twesten, Einleitende Vorrede, S. XXII.*
139 *Twesten, Einleitende Vorrede, S. XXXV.*

Einschätzung als „eines bis zum Uebermaaß schlüpferigen Buches"[140] Twesten sich entschieden verwahrt. Eben diese ‚Durchmusterung' bildet wiederum eine Quelle für Twestens Schleiermacher-Verständnis und zeigt, gesehen durch die Brille eines großen Schülers, die Bandbreite der geistigen Leistungen des verehrten Lehrers. Diese versucht Twesten mit den folgenden, uns Heutigen umständlich anmutenden Worten einzufangen und dabei zugleich die zentrale Bedeutung der Ethik zu verdeutlichen: Schleiermacher „beschränkte ... sich nicht auf die philosophische Ethik allein, sondern vertiefte und verbreitete sich von dieser Mitte aus nach allen Seiten auch über die sie begründenden oder aus ihr abgeleiteten Wissenschaften, um so dem Ziele immer näher zu kommen, was ihm lebendig vor Augen stand, der Idee eines das Ganze des ethischen Daseyns umfassenden Wissens, welches mit dem höchsten speculativen wie mit dem besondern historischen Wissen aufs engste verbunden sich zum System im vollsten Sinne zusammenschlösse, und dadurch Gewähr leistete, wahres Wissen zu sein."[141]

Am 4. Juli 1866 konnten August und Catharina Twesten ein zu damaliger Zeit nicht so häufiges Jubelfest feiern: die Goldene Hochzeit, und die greisen Eheleute erlebten sogar noch die Geburt eines Urenkels.[142] Wie Heinricis Bericht zeigt, war August Twesten noch bis in seine letzten Tage als Universitätslehrer aktiv: „Zum Weihnachtsfeste waren wir alle um ihn versammelt. In voller Frische feierte er den heiligen Abend, für den er mancherlei gütige Ueberraschungen aufgespart hatte. Das Urenkelchen, das mit besonderer Zärtlichkeit an ihm hing, hielt er gerne auf den Knieen und freute sich seines sich Anschmiegens. Bis unmittelbar vor dem Feste hatte er noch seine Seminarübungen abhalten können."[143]

August Twesten starb am 8. Januar 1876 in Berlin nach kurzer Krankheit – ob wirklich „weit abgerückt von seinen ehemaligen philosophischen Interessen",[144] wie Thouard schreibt, wage ich nicht zu entscheiden, zumal ein im Alter wiederhergestellter Kontakt mit dem jüdischen Religionsphilosophen Salomon Ludwig Steinheim (1789–1866), einem

140 Twesten, Einleitende Vorrede, S. LXXVI.
141 Twesten, Einleitende Vorrede, S. XCVI.
142 Heinrici, Twesten, S. 279, 481–483.
143 Heinrici, Twesten, S. 483.
144 Thouard, Wie Flacius zum ersten Hermeneutiker der Moderne wurde, S. 275.

Jugendfreund Twestens, diese Behauptung ganz und gar nicht stützt.[145] Twesten wurde auf dem Dreifaltigkeitskirchhof in Berlin beigesetzt. Bis zuletzt hatte seine Sorge den ihm anvertrauten Studenten gegolten.[146]

Schon dieser erste Teil meiner Ausführungen hat hoffentlich gezeigt, welch bedeutende Stellung unser Glückstädter in der Geschichte der evangelischen Theologie im Deutschland des 19. Jahrhunderts einnimmt. Im zweiten Teil soll dieser Eindruck durch einige Vertiefungen und Verfeinerungen gefestigt werden.

II.

Will man Twesten in eine theologische Kategorie einordnen, so stößt man auf Schwierigkeiten. Der Protestant Ferdinand Kattenbusch (1851–1935), der als Theologieprofessor an der Universität Gießen wirkte, hat das mit den folgenden Worten zum Ausdruck gebracht: „Schwer ganz richtig zu bestimmen ist die wissenschaftliche Art des Mannes, den Schleiermacher in relativ jungen Jahren (seiner allerersten Berliner Zeit, 1810/11) zum Schüler, später Freund gewann und der sein Nachfolger auf dem Berliner Lehrstuhl wurde, A. Twesten (gest. 1876). Er vereinigt die verschiedenen wissenschaftlichen Elemente, die man bei Schleiermacher trifft, auch seinerseits. Aber er war nicht so wie dieser ‚Romantiker‘ in den letzten Intuitionen, neigte stärker zum konfessionellen Kirchentum, war freilich durchaus Mann der Union,[147] auch ‚Vermittlungstheolog‘, brach aber sein großangelegtes Werk ‚Vorlesungen über die Dogmatik der evang.-luth. Kirche‘ in II,1 (1837) mit der ‚Gotteslehre‘ ab und enthielt sich fortan der literarischen Mitbeteiligung an der wissenschaftlichen Theologie."[148]

145 Heinrici, Twesten, S. 473–481. Vgl. Salomon Ludwig u. Johanna Steinheim, Briefe. Hrsg. v. Jutta Dick u. Julius H. Schoeps. Hildesheim, Zürich, New York 1996, S. 444–445 (Register).

146 Heinrici, Twesten, S. 484.

147 Gemeint ist die umstrittene von dem preußischen König Friedrich Wilhelm III. (1770–1840) zum Reformationsjubiläum 1817 angeordnete Vereinigung der lutherischen und der reformierten Kirche in Preußen.

148 Ferdinand Kattenbusch, Die deutsche evangelische Theologie seit Schleiermacher. Tl. 1. Gießen ⁶ 1934, S. 57.

Jeder Versuch, die theologische Position von Twestens Lehrer und Freund in knappen Worten auf den Punkt zu bringen, muss Stückwerk bleiben. Es ist aber nicht falsch, Schleiermacher als einen Mediator zu bezeichnen, und zwar in dem Sinne, dass er die Wechselbeziehung zwischen der objektiven Seite des Christentums (wie sie z.B. in den Kirchen, den Dogmen, den liturgischen Bräuchen manifest wird) und der subjektiven Seite des Christentums (des religiösen Gefühls, der Frömmigkeit, aber auch der Zweifels) aufzeigen wollte. Schleiermacher war davon überzeugt, dass der Mensch von Natur aus mit Vernunft und moralischen Grundvorstellungen begabt, aber ebenso auch religiös veranlagt, d.h. das Unendliche im Endlichen und seine ‚schlechthinnige' Abhängigkeit von Ersterem (d.h. Gott) wahrzunehmen fähig sei.

Diese Gedanken legte er in seinem epochalen, von der Romantik beeinflussten Frühwerk „Über die Religion. Reden an die Gebildeten unter ihren Verächtern" (Berlin 1799 u.ö., auch kürzer als „Reden über die Religion" bezeichnet) dar – ein Werk, das auch den jungen Claus Harms heftig ergriff.[149] Der Kern dieser religionsphilosophisch angereicherten Anthropologie lässt sich mit den Worten Thielickes so auf den Punkt bringen: „*Wichtig ist dabei, daß die Religion auf diese Weise den andern geistigen Vermögen des Menschen an die Seite gestellt wird.* Auch das wird die Gebildeten zum Aufhorchen bringen, weil sie ja bisher meinten, die Religion habe es mit irgendeinem – in keinem Zusammenhang mit ihrer sonstigen Menschlichkeit stehenden – Bezug zum Supranaturalen zu tun."[150]

Später verband Schleiermacher seine Religionsphilosophie mit einer Darstellung des christlichen Glaubens aus evangelischer Sicht: „Der christliche Glaube nach den Grundsäzen der evangelischen Kirche im Zusammenhange dargestellt" (2 Bände. Berlin 1821–1822 u. ö., auch kurz „Glaubenslehre" betitelt). Darin setzte sich Schleiermacher mit der aufgeklärten Kritik an den Überlieferungsbeständen des Christentums, insbesondere dem Offenbarungs- und Bibelglauben der protestantischen Theologie, auseinander und versuchte, sie auf religionsphilosophischem Wege zu überwinden. Die Kirche verstand Schleiermacher als festen Bestandteil des menschlichen Gemeinschaftslebens, als ein

149 Nowak, *Schleiermacher*, S. 97–113; Harms, *Ausgewählte Schriften*, S. 79–80.
150 Thielicke, *Glauben und Denken*, S. 214 (der erste Satz auch dort kursiv).

(wie wir schon zur Kenntnis bekommen haben)[151] Gut, in dem die mehrschichtige menschliche Natur in der oben charakterisierten Weise auf kollektiver Ebene verwirklicht wird – neben dem Staat, den privaten Unternehmungen und Gemeinschaften sowie dem Bildungswesen.[152] Diese knappe Konturierung muss hier genügen, und es lässt sich leicht denken, dass es schon zu Schleiermachers Lebzeiten an Bewunderern und Verehrern, aber auch an Spöttern und Kritikern nicht fehlte.

Uns soll jetzt noch einmal Twestens Verhältnis zu Schleiermacher interessieren, das durch eine große Menge von Quellen dokumentiert ist. Man hat Schleiermacher und auch, wie das oben angeführte Zitat Kattenbuschs belegt, Twesten als Vermittlungstheologen bezeichnet. Das ist kein Zufall. Jene Zitate aus einem Brief des Jahres 1817 an Brandis sprechen eine recht deutliche Sprache,[153] und es ist typisch für Twestens Haltung, dass er einerseits Schleiermachers Versuch, die Einseitigkeiten des Supranaturalismus und des Rationalismus auf einer höheren Ebene zu überwinden, als für seine Zeit angemessen (wenngleich „Schleiermacher nicht da steht, wo Luther stand, und wo ich wünschte, daß wenigstens der Kern der Theologen stände")[154] ansieht, andererseits aber den Zweifel gegen die vernünftelnde Theologie selbst gerichtet sehen möchte, „die Nothwendigkeit und Unabweislichkeit der Skepsis, sobald die Vernunft für sich allein unternimmt das Räthsel der Welt zu lösen."[155] Genau daraus lässt sich aber auch die Vermutung ableiten, dass Twesten, der sich auf den Reformator Martin Luther (1483–1546) berief, in einem gewissen Zwiespalt steckte: Einerseits erkannte er scharf die Notwendigkeit, das evangelische Christentum in zeitgemäßer und – wie wir heute sagen – zielgruppengerechter Form zu vertreten, die Angesprochenen da abzuholen, wo sie standen bzw. stehen. Andererseits spürt man bei ihm das Bedürfnis, eine angeblich glaubensfestere Zeit zurückzuholen, zu der Aufklärung und Rationalismus zumindest auf religiösem Gebiet noch keine bewusstseinsbestimmenden Faktoren darstellten. In dieser Richtung äußerte sich auch 1860 – noch zu Lebzeiten Twestens – der

151 Siehe oben, Anm. 139.
152 Nowak, Schleiermacher, S. 267–281.
153 Siehe oben, Anm. 48.
154 Heinrici, Twesten, S. 301.
155 Heinrici, Twesten, S. 301.

1831 in Glückstadt examinierte Grömitzer Pastor Johannes Christian Jessen (1805–1877), der das 18. Jahrhundert rückschauend so charakterisierte: „Der alte, apostolische Glaube, den die Reformatoren aus langer Verborgenheit wieder ans Licht gezogen, erfüllte nicht mehr die Gemüther, wie in den früheren Jahrhunderten."[156]

Damit stand Twesten zwischen dem (auch politisch sehr konservativen) Harms, der ihn „als Kraftnatur" [157] vor allem an Sprachgewalt gewiss überragte, ihm aber an Bildung und Weite des Geistes nicht ebenbürtig war, und Schleiermacher, der die Theologie explizit im Horizont der eigenen Gegenwart reflektierte[158] und dessen außergewöhnliche Begabungen auch auf Gebieten außerhalb der Theologie für Twesten unerreichbar blieben.[159] Man kann einen 1815 in dem ersten Jahrgang der „Kieler Blätter" veröffentlichten Aufsatz als Ausdruck dieses inneren Spannungsfeldes verstehen, zu dessen Polen jedoch nicht die reine Vernunftreligion gehörte, gegen die Twesten den in der Literatur viel zitierten Satz formulierte, „daß, wer die Religiosität der Väter wolle, auch die Religion der Väter wollen müsse."[160] Alwast stellt zwar zu Recht fest, dass Twesten aufgrund einer an Schleiermacher orientierten „Verhältnisbestimmung des Subjektiven und des Objektiven in der Religion … Rationalismus und Supranaturalismus"[161] ihre Orte zugewiesen habe, doch ist die Frage, ob ihm die Ausmittlung wirklich gelungen sei. Elli-

---

156 *Johannes Christian (Martin) Jessen, Grundzüge zur Geschichte und Kritik des Schul- und Unterrichtswesens der Herzogthümer Schleswig und Holstein, vom christlich wissenschaftlichen Standpunkte. Hamburg 1860, S. 211. Vgl. Otto Frands Arends, Gejstligheden i Slesvig og Holsten fra reformationen til 1864. T. 1. København 1932, S. 403–404.*

157 *Brandt, Geistesleben und Politik, S. 359.*

158 *Nach Thielicke, Glauben und Denken, S. 200, „beginnt … mit Schleiermacher die Modernität der Theologie als Programm."*

159 *Diesem Urteil von Elliger, 150 Jahre Theologische Fakultät, S. 30, schließe ich mich an.*

160 *August Twesten, Rede eines Geistlichen in einer Gesellschaft von Amtsbrüdern. In: Kieler Blätter 1 (1815), S. 227. Dazu Opitz, Die unser Schatz und Reichtum sind, S. 138.*

161 *Alwast, Geschichte der Theologischen Fakuätät, S. 194.*

ger verneint das, wie anhand eines Zitats bereits dargelegt worden ist,[162] und sein Urteil ist vertretbar. Allerdings berühren wir hier ungeachtet alles dessen, was Twesten dazu schriftlich festhielt oder drucken ließ, die Sphäre persönlicher Glaubenserfahrungen. Gerade die Vermittlungstheologen betonten deren große Bedeutung für das religiöse Individuum. Vielleicht war das der Grund dafür, warum Twesten zeitlebens mehrere Versuche unternahm, seine letztlich nicht rein intellektuell, nur anhand von Gewusstem darstellbare Position zu verdeutlichen, ohne damit jemals (im doppelten Sinne des Wortes) fertiggeworden zu sein.

So kommt Twesten, wie im ersten Kapitel schon erwähnt, am Ende seiner „Logik" kaum zufällig auf den Glauben zu sprechen. Auch hier spürt man – wenngleich in einem eher formalen Zusammenhang – den Einfluss Schleiermachers: „Wenn die aus der Anschauung und ihren Gesetzen für sich nicht völlig begründete Gewißheit durch das Gefühl ergänzt wird, so tritt der Glaube ein."[163]

Diese nachvollziehbare Feststellung wird sogleich bewusstseinsphilosophisch gedeutet: „Das eigentliche Gebiet des Glaubens ist aber dasjenige, wo das Wissen oder die Anschauung ganz secundär ist, indem es allein aus der auf das Gefühl gerichteten Reflexion hervorgeht."[164]

Heute könnte man zusätzlich die Frage nach den natürlichen Voraussetzungen und Bedingungen der von Twesten benannten Geistestätigkeiten stellen, wie es Schopenhauer bereits zu Twestens Zeiten tat. Schopenhauer, in dessen Philosophie der Begriff der Anschauung eine zentrale Rolle spielt,[165] hätte dem nachfolgenden Satz wohl nicht widersprochen: „Da die Reflexion über das Gefühl der Anschauung angehört, so ist sie auch an die Gesetze der Anschauung gebunden, und einer Kritik von Seiten derselben unterworfen, auch kann man versuchen, was man als Reflexion über das Gefühl besitzt, in der Anschauung nachzuweisen und dadurch zum Wissen zu erheben."[166]

---

162 Siehe oben, Anm. 123.

163 Twesten, Die Logik, S. 296 (§ 316).

164 Twesten, Die Logik, S. 297 (§ 317).

165 Volker Spierling, Arthur Schopenhauer. Philosophie als Kunst und Erkenntnis. Frankfurt am Main 1994, S. 126, spricht von dem von Schopenhauer „so hochgeschätzten Begriff der ,Anschauung.'"

166 Twesten, Die Logik, S. 298 (§ 318).

Es erinnert wieder an Schleiermacher, wenn Twesten als Nächstes die zwischenmenschliche (akademisch ausgedrückt: intersubjektive) Dimension des Glaubens anspricht: „Auch die Gewißheit des Glaubens ist der Bestätigung durch Übereinstimmung anderer fähig und bedürftig; die Mittheilung derselben ist aber von anderer Art als die des Wissens."[167] Das ergibt sich daraus, dass Schleiermacher in seiner „Glaubenslehre" nicht den „Weg des religiösen Individualismus" geht bzw. bei diesem nicht stehenbleibt, sondern die gemeinschaftliche Dimension der Frömmigkeit zum Gegenstand der Theologie macht.[168] Das letzte Zitat ist wiederum von allgemeinerer Art, schließt aber sehr wohl – im Sinne einer theologischen Reflektierbarkeit – die Frage des christlichen Heilsglaubens mit ein:

„Die Grenzen des Glaubens und Wissens werden im Allgemeinen durch die Natur der Gegenstände des Fürwahrhaltens bestimmt, für den Einzelnen durch seine Zwecke und Kräfte."[169]

Auch hier zeigt sich wieder das intensive Bestreben Twestens, Glauben und Wissen in ein möglichst spannungsarmes Verhältnis zu bringen. Diese Zitate zeigen, dass zu kurz greift, wenn Thouard behauptet, Twesten habe „Schleiermacher als zu aufklärerisch"[170] empfunden. Das Verhältnis war ungleich komplizierter, wie es etwa die Auseinandersetzung über Kants Freiheitsbegriff ahnen lässt, die Twesten bei seinem Aufenthalt in Berlin 1827 mit seinem Lehrer hatte.[171] Twesten ironisierte Schleiermachers Abgrenzung gegen die Vernunft- und Moralreligion der Aufklärung sogar einmal, als er bei der besagten Gelegenheit zu einer Predigt Schleiermachers über Apostelgeschichte, Kapitel 5, Vers

---

167 Twesten, *Die Logik, S. 299 (§ 319).*

168 Wolfes in: Twesten, *Friedrich Schleiermacher, S. 80–81 (mit Belegstellen).*

169 Twesten, *Die Logik, S. 300 (§ 320).*

170 Thouard, *Wie Flacius zum ersten Hermeneutiker der Moderne wurde, S. 275.*
   Ebd., Anm. 47, findet sich auch das Zitat über Schleiermacher und Luther von 1817 (Heinrici, Twesten, S. 301, s. o., Anm. 154).

171 Heinrici, *Twesten, S. 404.*

29,[172] bemerkte: „Die Rede blieb in den Grenzen der verständigen Entwickelung einer wichtigen moralischen Regel."[173]

Twesten ist nicht nur als Vermittlungstheologe, sondern auch als Überlieferer zentraler Quellentexte von Bedeutung: Die Mit- und Nachschriften von Vorlesungen Schleiermachers und Fichtes in Twestens Nachlass, von dem heute die Staatsbibliothek zu Berlin/ Preußischer Kulturbesitz einen Teil verwahrt, stellen eine überaus bedeutende Quelle für die Erforschung dieser beiden Denker dar. So gibt etwa Twestens Nachschrift einer Vorlesung über dogmatische Theologie, die Schleiermacher im Sommersemester 1811 hielt, wichtige Aufschlüsse über Schleiermachers geistige Entwicklung zwischen den genannten „Reden über die Religion" (1799), deren zweite Auflage 1806 und dritte 1821 erschien, und seiner ebenfalls bereits erwähnten „Glaubenslehre" (1821–22), deren zweite Auflage 1830 herauskam.[174] Dasselbe gilt für Twestens Abschrift von Schleiermachers erster Vorlesung über Hermeneutik.[175]

Auch wenn Twesten sich selbst für keinen begnadeten Schriftsteller hielt, wird die folgende Einschätzung Opitzens immer ein anfechtbares Geschmacksurteil bleiben: „Twestens praktische Wirkung als Universitätslehrer ist höher zu bewerten als der Rang seiner Schriften."[176] Dasselbe liest man in etwas anderen Worten auch bei Alwast, der Twestens Ansatz als den „eines bildungsoffenen, biblisch-kirchlichen Christentums"[177] bezeichnet. Wie auch immer man in dieser Frage Stellung beziehen mag, Glückstadt darf auf August Twesten und dessen vielleicht noch „still bildenden Einfluß auf die verwandten Geister"[178] stolz sein.

---

172 *„Man muß Gott mehr gehorchen als den Menschen" (Die Bibel. Altes und Neues Testament. Einheitsübersetzung. Freiburg, Basel, Wien 1980, S. 1232, Sp. 2).*

173 *Heinrici, Twesten, S. 402.*

174 *Wolfes in: Twesten, Friedrich Schleiermacher, S. 81.*

175 *Thouard, Wie Flacius zum ersten Hermeneutiker der Moderne wurde, S. 275.*

176 *Opitz, Die unser Schatz und Reichtum sind, S. 140.*

177 *Alwast, Geschichte der Theologischen Fakultät, S. 201.*

178 *Twesten, Einleitende Vorrede, S. CI.*

Abkürzungen

ADB – Allgemeine Deutsche Biographie

BBKL – Biographisch-bibliographisches Kirchenlexikon

RE3 – Realencyklopädie für protestantische Theologie und Kirche, 3. Aufl.

SHBL – Schleswig-Holsteinisches Biographisches Lexikon/ Biographisches Lexikon
   für Schleswig-Holstein und Lübeck

Karl Leipold zum 150. Geburtstag

H.-Peter Widderich

Für Glückstadt, für Karl Leipold und für mich sind 2013 und 2014 Jahre mit Jubiläen. Für Glückstadt, weil unsere Stadt vor 200 Jahren belagert und beschossen wurde. Anfang nächsten Jahres wird uns darum ein ‚Belagerungsjubiläumsfestival‘ angeboten. Deshalb erinnere ich schon heute an den Maler von Störort Karl Leipold. Sein Geburtstag jährt sich im Januar 2014 zum 150. Mal. Mein Jubiläum bleibt im Dezimalbereich. 1973, vor 40 Jahren, begann mein ‚Leipold-Leben‘. Damit komme ich zum 1. Teil meiner Ausführungen.

I. Mein ‚Leipold-Leben‘ – 40 Jahre Leipold-Forschung

Das Kramen in Erinnerungen und Nachlässen bescherte mir allerlei Überraschungen, deshalb kann ich mit Wilhelm von Kügelgen, dem Autor des Buches ‚Jugenderinnerungen eines alten Mannes‘, das sie vielleicht kennen, sagen: „Das eigene Leben ist der beste Stoff." Heute im 1. Teil plaudere ich aus dem Nähkästchen über 40 Jahre Leipold-Forschung. Damit verbinde ich gleichzeitig Erinnerung und Dank an meine bereitwilligen ‚Zulieferer‘. Ohne sie wüsste ich wenig über Karl Leipold. Und vielleicht fragt ja auch mancher Zuhörer, wieso erzählt uns Peter Widderich, der bei der Gasanstalt war, gelegentlich von Malern wie Karl Leipold, Max Kahlke, Ilse Schneider u.a.? Da verhelfe ich in Sachen Leipold auf die Sprünge und berichte, wie die Karl-Leipold-Forschung mein Leben bereichert hat (Abb. Seite 64 links).

Es begann so: In Vorträgen der Volkshochschule dozierte Franz Michaelsen Ende der 1950er Jahre über ‚Malerei in Schleswig-Holstein‘.

51

Dort sah ich erstmals Reproduktionen einiger Bilder von Karl Leipold. Die Bilder trugen u.a Titel wie ‚Alte Werft in Holstein‘, ‚Deutsche Ballade‘ und ‚Vermählung des Dogen mit dem Meere‘.

Ich wunderte mich: Warum ist dieser Maler, der seinen Platz ganz offensichtlich nicht in sogenannter Heimatmalerei hat, hier bei uns so unbekannt, obwohl er für viele Jahrzehnte unser Nachbar an der Störmündung war? Mein Entschluss stand fest: Der Angelegenheit gehe ich auf den Grund! – Die Erkenntnis war allerdings schon bald: Das ist leichter gesagt als getan! In den Schausammlungen der Museen hing kein Leipold-Bild. Andere Wege waren mir damals nicht bekannt. Ich war enttäuscht, blieb aber am Ball. Es wurde eine lange und zögerliche Schwangerschaft.

Zu Michaelsens Vortragsreihe gehörte ein Atelierbesuch bei Hermann Wehrmann. Dort sah ich eine Leipold-Büste, und erkannte: Hermann Wehrmann war ein Zeitzeuge. Er hatte an seiner bevorzugten Malgegend, der Störmündung, wiederholt seinen Kollegen Leipold getroffen. Später erzählte er davon. Hermann Wehrmann war mein erster Informant! Darauf komme ich noch zurück.

Dann kehrte leider Stillstand ein, bis ich nach einigen Jahren die Hamburgerin Frau Anna Brandes, Schwiegertochter des ehemaligen Glückstädter Bürgermeisters Brandes, kennenlernte. In ihrer kleinen exquisiten Sammlung sah ich erstmals vier Leipold-Originale. Beispielsweise ‚Segelschiffe‘. Ich war überrascht! Kamen die bei Michaelsen gesehenen Bilder sozusagen mit großem Orchester daher, so waren diese Bilder Kammermusik. Die gedämpfte Farbgebung, die so typisch für unsere feuchtigkeitsschwere Atmosphäre ist, sprang mich geradezu an und steigerte Neugier und Wissensdurst. Meine Vorliebe für das Gegenständliche war zweifellos auch im Spiel, daneben vielleicht auch die Ahnung, dass Leipold kein Abmaler des Sichtbaren war.

Inzwischen hatte ich einige alte Zeitungsausschnitte ergattert. Darin war u.a. von frühen Leipold-Sammlern in Hamburg die Rede, unter ihnen zahlreiche Ärzte, wie der bedeutende Neurologe Prof. Max Nonne. Und dann gab Frau Brandes einen, nein, den entscheidenden Wink! Sie wusste nämlich von einer Tochter Prof. Nonnes, die in Hamburg-Rothenbaum wohnen müsste. Dort besuchte ich 1973, also vor 40 Jahren, Frau Clara Nonne. Durch sie wurde Leipold für mein weiteres Leben bedeutsam. Frau Nonne besaß einige Leipold-Bilder aus der Sammlung ihres Vaters und konnte viel erzählen. Sie überließ mir die leider unveröffentlichten Erinnerungen ihres Vaters an Karl Leipold, die einen aufschlussreichen Einblick in Leipolds Leben, Werk und Arbeitsweise vermitteln. Außerdem hatte sie allerwichtigste Mosaiksteinchen zum Leipold-Puzzle im Köcher, nämlich Hinweise auf Leipold-Sammler, -Anhänger und -Bekannte. Damit löste sie einen Schneeballeffekt aus und spielte mir einen roten Faden in die Hand. Frau Nonne half mir auf die Sprünge! Sie nannte z.B. den Literaten und Maler Hans Leip, Sie wissen, er schrieb ‚Lilli Marleen'. Auf Hans Leip und seine Bekanntschaft mit Karl Leipold komme ich im dritten Teil meiner Ausführungen zurück.

Eine Tür, nein, eine Welt eröffnete mir Frau Nonnes Hinweis auf Heinrich Heim in München, den ich dort bald kennenlernte. Meine Bekanntschaft mit ihm ist eine außergewöhnliche Episode! Heim, Jahrgang 1900, lernte in den frühen 1920er Jahren Leipold kennen, wurde sein Fan und hob ihn auf einen hohen Podest. Etwa zeitgleich wurde der junge Jurist Heim Mitglied der NSDAP. Damit sind zwei Faktoren genannt, die sein Leben wesentlich bestimmten. Heim setzte sich bereits in den 1920er Jahren für den ‚Meister', wie er Leipold nannte, ein. Maßgeblich wurde sein Tun, als er 1933 Jurist im Stab von Rudolf Hess wurde, da saß der alte Weggenosse Heim zeitweise sozusagen in der ersten Reihe. Auf Martin Bormanns Anordnung fertigte er 1941 und 1942 Gedächtnisprotokolle von Hitlers nächtlichen Monologen im Führerhauptquartier an, die 1980 als Buch erschienen.

Heim sagte zu mir: „Ich werde Hess gebeten haben, den Führer auf den Meister hinzuweisen." Irgendwie klappte dieser oder ein anderer Anlauf. Leipold bekam bereits Ende 1933 eine Einzelausstellung im ‚Kronprinzenpalais' zu Berlin. Einige der neuen Größen erwarben im Laufe der Jahre Bilder. Aber so richtig funktionierte Leipolds ‚Aufstieg' nicht. Er hielt sich für einen Maler, der für die bildende Kunst richtungsweisend sein könnte und spielte im Hinterkopf mit der Hoffnung, nun endlich breite Anerkennung zu bekommen und dann ein Leben a la Malerfürst zu führen. Solche Türen öffneten sich nicht, aber es gab einige Anerkennungen. 1939 erfolgte die Ernennung zum Professor ehrenhalber. Übrigens gleichzeitig mit Heinz Rühmann, Elisabeth

Flickenschildt, René Deltgen, Brigitte Horney, Herbert von Karajan u.a. 1942 erhielt Leipold im ‚Haus der Deutschen Kunst' zu München den ‚Ehrensaal' für eine ‚Sonderschau'. 21 Werke wurden gezeigt und es erschien eine Mappe mit Farbwiedergaben. Heim erzählte: „Die ganze Kollektion erwarb A.H." Als Spätgeborener stand ich da und begriff erst im weiteren Anlauf: A.H., das ist Adolf Hitler. Durch den Kopf schoss mir: Wo sind die Bilder heute? Wie war der Kaufpreis? Erhielt Leipold den Kaufpreis, bevor er bereits am 1. April 1943 starb?

Diese Fragen kann ich heute beantworten. Nach 1945 verwahrte zunächst die Oberfinanzdirektion München für die Bundesrepublik als Reichsnachfolger 19 Bilder, denn ein Bild von 21 hatte Hitler verschenkt, ein zweites Bild ist unauffindbar. Inzwischen befindet sich das Konvolut im ‚Deutschen Historischen Museum' in Berlin. 2010 wurde mir der Kaufpreis bekannt, er betrug 385.000 Reichsmark! Und 2011 fand ich schließlich heraus, dass Leipolds Nachlassverwalter ein Bankguthaben auflistete, das über dem Kaufpreis lag. Leipold bezeichnete sich meistens als kapitallosen Stackel. In dem nachgelassenen Guthaben ist deshalb, ohne Frage, der Erlös aus dem Verkauf der Sonderschau enthalten. Er hatte gehofft, durch größere Verkäufe nicht nur zu Ruhm zu kommen, sondern dereinst auch einen ruhigen Lebensabend zu gestalten, nun kam das Geld zu spät. Bemerkenswert ist, dass der Staat 1942/1943 (!) immerhin noch eine nicht unbeträchtliche Summe für Kunst bereitstellte und bezahlte. Das hatte wohl mit ererbter preußischer Akribie zu tun. Sie merken an diesem Beispiel, um 1975 erhielt ich den Hinweis über den Verkauf der ‚Sonderschau', 2010 auf die Kaufsumme und 2011 auf das Bankguthaben, die Leipold-Forschung ist ein Langzeitunternehmen!

Das Resümee: Mit Heinrich Heim führte ich über viele Jahre einen Briefwechsel. Er überließ mir Kopien von Briefen, Schriftverkehr, Unterlagen usw., die viele Hinweise enthielten. Vor allem machte er die Tür zum Thema Leipold und das 1000-jährige Reich auf, das für mich sonst womöglich im Dunkeln geblieben wäre.

Übrigens halte ich Leipold, der seine Kunst im Dritten Reich nicht anbiedernd verbog, nicht für einen ‚Nazi'. Er wähnte sich, mit gewisser Weltfremdheit einerseits und äußerstem Selbstbewusstsein andererseits, auf einer Treppe nach oben. Er suchte Möglichkeiten, um endlich als bedeutender Künstler er- und anerkannt zu werden sowie einen Platz unter den Unsterblichen der Kunstgeschichte zu erringen.

Herr Heim warf mit dem Hinweis auf den Sammler Dr. Kinkel den Schneeball ins nächste Feld.

Meinen nächsten Urlaub unterbrach ich auf der Heimreise, um den im Schwäbischen praktizierenden Arzt Dr. Hans Kinkel zu besuchen und – war sprachlos. Ich fand einen liebenswürdigen Gastgeber und ein Haus voller Leipold-Bilder. Da konnte ich mit meinem Freund Rudolf Grothkop sagen: Hier geben die Wände sich keine Blöße! Ich sah, hörte und staunte. Bis zum Tode Dr. Kinkels riss der Kontakt nicht ab, der mir wiederum viele Neuigkeiten und Einblicke bescherte. Er unterstützte übrigens die erste von mir kuratierte große Leipold-Ausstellung 1989 in Itzehoe mit Leihgaben. Einen Teil der Kinkel-Sammlung hütet ein Sohn, der immer wieder bereitwillig mit Rat und Tat zur Verfügung steht.

Dr. Kinkel und seine erste Frau, die Ärztin Dr. Gertrud Kinkel-Diercks, eine geborene Glückstädterin, begannen mit dem Aufbau einer Leipold-Sammlung, wie es sie umfangreicher und erlesener nicht gab und gibt. Der Medizinstudent Kinkel hatte auf einer Heimreise, sozusagen zwischen zwei Zügen, im Schaufenster einer Hamburger Galerie ein Bild von Leipold entdeckt, dessen Namen er noch nie gehört hatte. Kinkel war begeistert, das Bild haute ihn sozusagen um. Er informierte sich, änderte spontan seine Reise und fuhr nach Störort. Dort traf er den Maler aber nicht an. Leipold war in Berlin, also fuhr Kinkel schnurstracks nach Berlin. Obwohl mittellos, reiste er mit vier Bildern auf Pump weiter. (So sind Sammler!) Im Gepäck hatte er auch das (wohl seltene) Wohlwollen Leipolds und einen, ich möchte sagen, väterlichen Kunst-Freund in ihm. Dr. Kinkel hat sein Leben mit Leipold und dessen Bilder in dem Buch ‚Leipold – Der Maler auf Störort‘ mit vielen Farbabbildungen dokumentiert.

Auch Frau Dr. Kinkel-Diercks teilte mir ihre Erinnerungen an Karl Leipold mit.

Ein weiterer Fingerzeig Frau Nonnes führte mich zu Dr. Hans Hegler, Augenarzt in Hamburg. Der wiederum wies auf Frau Christa Lüdemann hin. Jene dann auf ihre Freundin Wim Fernholz. Aber der Reihe nach. Dr. Heglers Vater, auch Arzt, war ein früher Hamburger Leipold-Sammler. Bei Besuchen auf Störort lernte er seine spätere Frau, die Pastorentochter Elisabeth Christiansen aus Borsfleth, kennen. (Darüber sprach ich bereits im Vortrag ‚Spurensuche II – Störort eine Künstlerkolonie?‘)

Mein großzügiger ‚Lieferant‘ Dr. Hans Hegler, Jahrgang 1920, war von Kindesbeinen an mit Leipold und dessen Malerei verbunden, besonders aber mit Frau Leipold, die er ersatzweise Oma nannte. Viele Ferien verbrachte er bei Familienfreunden am Borsflether Altendeich, war also oft vor Ort. Er konnte deshalb viel von Künstlers Alltag erzählen und Blicke hinter die Kulissen vermitteln. Mit Dr. Heglers Empfehlung besuchte ich Frau Christa Lüdemann in Hamburg. Sie war eine Enkelin von Christian Meyn, dem Kommandeur des ‚Kleiner Heinrich‘, und ging, sie wuchs auf Störort auf, bei den Nachbarn Tante und Onkel Leipold ein und aus. Frau Lüdemann hegte ein schmales, dennoch wichtiges Andenken an Leipold, u.a. Gesangbücher ihres Großvaters Christian Meyn, die ihre Familie Karl Leipold, quasi von Seefahrer zu Seefahrer, schenkte. Es handelt sich um drei Gesangbücher, die mehr oder weniger von Leipold benutzt wurden, wie etliche Anstreichungen und Merkzettel verraten. In das ‚Hamburgische Gesangbuch von 1843‘ trug Leipold folgenden Text ein:

Erbauungsbuch / des Christian Meyn / Störort Kommodor / der weiland / Walfisch- / flotte der
unteren / Elbe (Glückstadt / Er kommandierte / den ‚Kleinen Heinrich‘ / Bark getakelter /
Walfänger der geboren in Boston / Gegeben von Christa / Lüdemann seiner / Enkelin dem / Karl
Leipold / Kunstmaler auch / Störort. 1937

Aus seinem Nachlass kamen die Bücher an Frau Lüdemann zurück. Ferner bewahrte sie einige Ansichtskarten aus Leipolds Nachlass, mit denen belegt werden konnte, dass der Maler für seine Bilder auch Vorlagen heranzog. Dazu komme ich später noch. Eine weitere Neuigkeit konnte mir Frau Lüdemann präsentieren, nämlich ein Ölbild, das Frau Leipold gemalt hatte.

Schließlich besuchte ich in Mainz Frau Lüdemanns Freundin Frau (Wilhelmine) Wim Fernholz. Sie wohnte noch im ehemaligen Haus ihrer Familie, wo sie ihre Tante, Frau Leipold, pflegte, als diese aus gesundheitlichen Gründen Störort verlassen musste und fortan bei ihrem Bruder wohnte. Die muntere Rheinländerin Fernholz hütete neben einigen Bildern ein, zwei Kartons mit allerlei Memorabilien, die Wasser auf meine Mühle waren: Alte Fotos verschollener Gemälde, Briefe, persönliche Unterlagen Leipolds. Kurz, für den Leipold-Forscher ein gefundenes Fressen! Ihre eigenen Erinnerungen an Störort, wo Frau Fernholz während ihrer Ausbildung in Hamburg Freizeit und Urlaub verbracht hatte, rief sie wach und ich ließ den Kassettenrekorder laufen. Leider erlebte sie die Itzehoer Leipold-Ausstellung 1989 nicht mehr. Zu Verwandten von Frau Fernholz und Frau Leipold habe ich bis heute freundschaftlichen Kontakt und erfahre immer wieder noch unbekannte Details.

Zu den Fundsachen aus Mainz gehörte ein von Frau Leipold gefertigtes Gedächtnisprotokoll mit Hinweisen auf Bildbesitzer. Darunter waren einige Namen aus Hamburg. Tatsächlich konnte ich noch zwei ausfindig machen. Einer ist besonders herauszuheben, der von Frau Emma Schmahl an der Elbchaussee. Sie besaß 5 Gemälde aus der Sammlung ihres Schwiegervaters, eines Kaufmannes aus der Schar der frühen Hamburger Sammler. Frau Schmahl machte eine sehr wichtige Mitteilung: Ihr vermögender Schwiegervater hatte Leipold Geld für den Kauf des Störorthauses zur Verfügung gestellt! Sie selbst fand, durch meine Aktivitäten animiert, dass sie eigentlich Schwiegervaters Sammeltätigkeit fortsetzen sollte, und erwarb in den folgenden Jahren 8 Leipold-Bilder, die sie dem Detlefsen-Museum vermachte!

Unter dem inzwischen Zusammengetragenen war ein 1950 erschienener Artikel mit dem Titel: ‚Hamburg 11, Cremon 27 – Eine Erinnerung‘, (Cremon 27 war Leipolds Hamburger Adresse.) Verfasser Dr. Faehler. Der Text endete mit dem Hinweis: Gekürzt aus dem noch unveröffentlichten Manuskript ‚Karl Leipold. Erinnerungen an den Menschen und Maler‘. Meine Glocken schlugen Alarm!! Sollte es das Manuskript noch geben? – Die 1970er Jahre waren für Neugierige noch ‚gute alte Zeit‘! Datenschutz war noch nicht erfunden. Ich konnte Spuren zur Witwe des Autors sowie deren Erben finden, dem Ehepaar Unland in Berlin. Das hieß: Auf nach Berlin! Auch hier fand ich offene Türen und liebenswürdige Gastgeber. Mein erster Berlin-Besuch, so fanden sie, müsse in einer zünftigen Destille begossen werden. Damals war das alkoholische

Getränk ‚Persiko' in, dessen Süße mit Bier neutralisiert wurde. Mann-o-Mann, mehr will ich dazu nicht sagen. Hochprozentige Forschung war allerdings nicht der Grund, warum ich dort keine Manuskripte fand. Dennoch war Berlin eine muntere Quelle! Wieder wurde aus einem Karton ein wahrer Goldschatz gehoben: Fotos von Gemälden und viele Originalbriefe von Leipold. Eine neue Fundgrube!

Zwei auf den ersten Blick marginal erscheinende Bekanntschaften zum Thema Leipold, die mir aber äußerst wichtig wurden, sollen diesen kleinen Reigen beschließen. Den malenden Zahnarzt Rudolf Grothkop aus Pinneberg hatte ich häufig malend und zeichnend an der Störmündung beobachtet. Mit der Frage, ob er vielleicht diesen Ort schon zu Leipolds Zeiten besucht hätte und etwas erzählen könne, lernte ich ihn kennen. Nein, Leipold habe er nicht gekannt, könne aber eine Anekdote von Leipold und dessen Galeristen erzählen. Die Anekdote war interessant und hatte noch ein spätes Nachspiel. Aber das ist eine andere Geschichte. Ich dachte: Schade, dass er Leipold nicht persönlich kannte. Na, dor het 'n Uhl seten. Aber die Begegnung mit Rudi Grothkop war der Beginn einer 30-jährigen wunderbaren Freundschaft. Grothkop ist auch der Chronist der sich verändernden Landschaft Störmündung. Er dokumentierte wieder und wieder mit künstlerischen Mitteln, wie die alte Störmündung zur neuen Störmündung mutierte und die Künstlerhäuser von Richard Schneider-Edenkoben und Karl Leipold verschwanden.

1974 schrieb mir Frau Nonne, es habe sich ein Herr gemeldet, der über Leipold arbeiten wolle oder solle und Auskünfte bräuchte. Vielleicht könne ich hilfreich sein. Leider habe sie den Brief verlegt. Nach einigem Hin und Her kam heraus, der Suchende war Studienrat Wolfgang Reschke aus Itzehoe. Wolfgang und Edith Reschke sind Freunde geworden. Sie waren rege Förderer, öffneten viele Türen, u.a. für die Organisation von Ausstellungen und Katalogen.

Nach 40 Jahren Forschung erwartete ich eigentlich keine Neuigkeiten mehr. Zeitzeugen gibt es kaum noch und alle Möglichkeiten schienen ausgeschöpft. In diesem Jahr, 2013, gab es dann doch noch eine Überraschung. Frau Leipold hatte seinerzeit Nachbarn auf Störort kleine Geschenke gemacht. Die Enkelin, bzw. Tochter der Beschenkten öffnete ihre Truhe mit Gemälden, die aus dem Leipold-Haus stammen. Fotos und Buchgaben von 1929 und sogar noch von 1936, 1937, als Frau Leipold längst in Mainz im Haushalt ihres Bruders ihren Lebensabend verbrachte, waren darin enthalten.

Die überraschend umfangreichen Forschungsergebnisse machten mich bereits 1975 übermütig, Dr. Meinert für die Detlefsen-Gesellschaft einen Leipold-Vortrag anzubieten. Darauf ging er tatsächlich ein! Der Ausstellungsmacher im Brockdorff-Palais, Heinz E. Peters, war spontan bereit eine kleine Leipold-Ausstellung einzuschieben. Der Vortrag fand dann vor und mit Originalen Leipolds statt. – Meine Verbundenheit zur Detlefsen-Gesellschaft hat also auch schon einige Jahre auf dem Buckel. – Trotz enormen Lampenfiebers wähnte ich mich damals mindestens im Olymp. Ich konnte mir allerdings weder vorstellen, dass ich in Sachen Leipold erst die Spitze des Eisbergs zu fassen hatte, noch, dass dieser Vortrag die Premiere meiner ‚Vortragstätigkeit' war, für die hier in Glückstadt dann nach der Gründung des ‚Vereins der Freunde und Förderer des Detlefsen-Museums' der geschätzte Museumsleiter Hans-Reimer Möller und die verehrte Vereinsvorsitzende Ellen Meinert und später für die Detlefsen-Gesellschaft der muntere Lori, Dr. Lorenzen-Schmidt, die Türen öffneten.

Den vielen Erkenntnissen über Karl Leipold, per Erzählung, schriftlich oder sonst wie, verdanke ich allerhand Glücksmomente und großen Zuwachs an Wissen. Darüber wunderte sich manch Bekannter: Segg mol, hörst Du dat Gras wassen? So oder so ähnlich war es!

Das war ein kleiner Blick auf meine vierzigjährige Leipold-Forschung. Aus dem dabei entstandenen Netzwerk schöpfe ich jetzt das nächste Kapitel:

II. Der Maler von Störort und seine künstlerische Entwicklung

Nach dem Studium an den Akademien in Düsseldorf, München und Paris ließ sich der 1864 in Duisburg geborene Karl Leipold in München nieder. Auf der Suche nach einem Maler-Arkardien in Wassernähe entdeckte er nacheinander Dießen am Ammersee, Emden, Cuxhaven und dann Störort. Als der Künstler nach über vier Jahrzehnten das Refugium auf Störort aus Alters- und Finanzgründen verlassen hatte, schrieb er seinem Kollegen Hermann Wehrmann, der beim Umzug geholfen hatte: „Ihnen habe ich die unvergesslichen Eindrücke zu verdanken Störort – eigentlich die Heimath meiner künstlerischen Entwicklung – im Abschied nehmen vom Deck des Ewers von der Stör sowohl wie von der Elbe, nochmals in mir lebendig auferstehen zu lassen."[1] Die bemerkenswerte Aussage: Störort - eigentlich die Heimath meiner künstlerischen Entwicklung – soll im Mittelpunkt der folgenden Betrachtung stehen. Eng verzahnt damit ist die äußere Biografie des Künstlers.

Im Münchener Glaspalast trat der junge Maler 1893 mit dem Bild ‚Bange Ahnung' (Abb. Seite 64 Mitte) an die Öffentlichkeit. Dargestellt ist ein Schiff auf rauer See. Das über die Kaimauer spritzende Wasser und der Rock der Titel gebenden Figur im Vordergrund verdeutlichen starken Wind oder Sturm. Erschrocken hebt sie den rechten Arm ans Gesicht und blickt sorgenvoll zum Schiff. Sie fürchtet, Schiff und Besatzung, darunter vielleicht ihr Liebster, könnte Ungemach geschehen. Das Bild erzählt eine Geschichte, so oder so ähnlich. Die ‚Bange Ahnung' hing zu Leipolds Zeiten auf Störort im Eingangsbereich. Es kam durch den letzten Besitzer des Hauses nochmals nach Störort. Heute befindet es sich als Dauerleihgabe im Detlefsen-Museum.

Mit diesem Bild führte der Künstler sich als Marinemaler ein. Marinemalerei ist eine Untergattung der Landschaftsmalerei, die den weitaus umfangreichsten Teil seines Oeuvres ausmacht.

Die ‚Bange Ahnung', eine dramatische Szene am Meer, ist nicht etwa an der großen See entstanden, die der Binnenländer Leipold bereits kannte, sondern am bayerischen Ammersee, und Frau Leipold stand Modell. In Dießen am Ammersee, nahe am Wasser, hatte Ehepaar Leipold eine weitere bescheidene Bleibe bezogen.

Dieser große Wurf des jungen Künstlers mit seiner Realitäts- und Naturnähe ist ein Bild, das typisch für Bildende Kunst des ausgehenden 19. Jahrhunderts ist. Es kann der Genremalerei zugerechnet werden, der gemalten Alltagsszene als Schilderung menschlicher Lebensform in ihrer landschaftlichen Umgebung. Wurzeln der Genremalerei liegen weit zurück. Ein erster Höhepunkt erreichte sie in der niederländischen Malerei des 17. Jahrhunderts. In der 1. Hälfte des 19. Jahrhunderts gin-

---

1 *Karl Leipold. Handschriftlicher Brief an Hermann Wehrmann, o.D. (1940) (Archiv d. Verf.).*

gen vor allem von der ‚Düsseldorfer Malerschule' und der ‚Münchener Schule' starke Impulse aus, die auch Wegbereiter des Impressionismus waren. An beiden genannten Orten, Düsseldorf und München, besuchte Leipold die Akademien. Das dort Aufgenommene schwingt in seiner Malerei noch einige Jahre nach.

Leipold war ein quirliger Sucher. Schon bald bot ihm das ‚Meer', der Ammersee, nicht genug. Es kam zu den Wohnorten München und Dießen noch Emden hinzu. Von Gemälden mit Emdener Szenerie haben sich einige Schwarzweiß-Fotos erhalten, die erkennen lassen, dass auch diese Gemälde noch Genremalerei sind.

Leipold war Maler und – Seemann. Von Emden aus fuhr er auf Fischdampfern zur See. In den 1890er Jahren heuerte er als Seemann auf alten Segelschiffen an, u.a. für eine Fahrt mit dem Hamburger Frachtsegler ‚Guillermina' an den Orinoko in Südamerika. Diese Fahrten waren gleichzeitig Studienreisen. „Was lag mir näher", hielt er später fest, „als das Verlassen des festen Landes, um mich mit der gewaltigen Natur und der unvorstellbaren Einsamkeit des Weltmeeres in engste Verbindung zu setzen." Das Leben an Bord war hart, aber, so erinnerte er sich: „Der Hauptvorzug war also die Einsamkeit mit sich selber, und die Verbundenheit mit dem gewaltigen Element und den kosmischen Erscheinungen – vom Eismeer, bis in die südlichen Gewässer!"[2]

Aber Leipold quirlte weiter. Emden wurde schon bald wieder aufgegeben. In Cuxhaven baute er sich ein Holzatelier. Ein längerer Aufenthalt auf einem Feuerschiff brachte neue Impulse. Frau Leipold berichtet, dass durch diesen Aufenthalt auf der Nordsee die Idee zum Gemälde ‚Vergänglichkeit' entstand, ein Bild, mit dem der Maler einen großen Schritt voran machte. Das Sichtbare, Wrack und Tagesneige anzeigende Abendröte, thematisiert Endlichkeit. Mit diesem Bild schuf Leipold ein Gleichnis, ein Memento-Mori-Bild, bei dem Symbolismus in der Luft liegt.

Leipolds intensive Beziehung zum Element Wasser, schürte seinen Wunsch, diese neue Welt von Cuxhaven aus auf eigenem Schiff zu ergründen. Strand, Watt und Tide schränkten aber die Möglichkeit, spontan auszulaufen sehr ein. Außerdem störten ihn die vielen Feriengäste.

---

2   Karl Leipold. *Kurzer Entwurf zu einer Rundfunkrede, 1942 (Kopie im Archiv d. Verf.).*

Sie waren zwar Störenfriede, andererseits waren aber unter den Gästen viele Hamburger Kunstliebhaber. Davon wurden einige Leipold-Sammler und Stamm der wichtigen Hamburger Sammler. Dieser Sammlerkreis wurde bedeutend für seinen Lebensunterhalt, denn aus diesem Kreis kam auch der Mäzen, der ihm den Erwerb des Störorthauses ermöglichte.

Aus mehreren Gründen war also Cuxhaven kein Wunschstandort. „Ein unterbewusster, starker Drang zur Einsamkeit, in der Nähe des Wassers das Ebbe und Flut untersteht, mich anzusiedeln, gelang über Erwarten.", notierte er. „Ich erwarb ein [...] altes großes Gehöft mit eigenem Hafen und über [Jahrzehnte] segelte ich auf der Unterelbe und in der Ostsee mit einer eigenen [...] schweren getakelten Jolle, die wohl 50 Jahre auf dem Buckel hatte, das Wasser in allen seinen Äußerungen weiter studierend."[3] Die Suche hatte ihn nach Störort geführt. Im Haus auf der dritten Warft flussaufwärts, am rechten Störufer im Wewelsflether Außendeich, fand Leipold ein Sommerquartier. Er war begeistert. Und dann war ihm endlich Fortuna hold – kein Wunder, hielt sie doch fast in Sichtweite auf Glückstadts Kirchturm Wacht. Zum einen stand im nächsten Jahr, 1899, Haus und dazu ein Boot zum Verkauf. Zum anderen kam aus Fortunas Füllhorn, bzw. aus dem Geldstrumpf des Sammlers Schmahl aus Hamburg, das nötige Kleingeld.

Leipold war nun inmitten seiner Elemente Erde, Wasser und Himmel angekommen. Quirlig blieb er dennoch. Die Wohnungen in München und Dießen wurden beibehalten und um 1900 kam eine weitere, zunächst in Altona, dann in Hamburg, hinzu. Bot bereits die amphibische Welt Störorts dem Maler ein Eldorado, so wurde es mit dem eigenen Boot geradezu himmlisch. Das Boot wurde später durch ein Segelschiff und schließlich durch eine 26-Tonnen-Lühjolle ersetzt. Er war oft tage-, manchmal sogar wochenlang unterwegs. Auf diesen Fahrten, so berichtete Sammler Prof. Nonne: „[...] träumte er, dem Atem des Stromes und der See lauschend [...] ohne Skizzen zu machen [...] wieder auf Störort, ließ er das Geschaute [...] wieder auftauchen und es entstanden – je nach seiner Stimmung – in oft überraschend schneller Folge kleine, größere und große Staffeleibilder. Die Bilder waren sämtlich Kinder seiner Phantasie, d.h., aus der optischen Erinnerung an glückliche Halluzinati-

3   *Karl Leipold* (wie Anm. 2).

onen geboren, und deshalb wirkten sie alle so überaus individuell; viele poetisch, manche sogar mystisch, fast alle aber über das eigentliche Realistische und über das gegenständlich Einmalige hinaus gehoben in die Allgemeinheit und in das Gesetzmäßige der Natur.["]4 Auf Störort und auf Fahrten mit seinem Schiff legte sich Leipold ein visuelles Archiv an auf das er unermüdlich und unabhängig zugreifen konnte.

Das sind Hinweise, die meine Vermutung bestätigen: Leipold war kein Abmaler des Sichtbaren! Auch Frau Leipold schilderte die Arbeitsweise ihres Mannes, wie er nach der Aufnahme von optischen Eindrücken in geradezu eruptivem Ausbruch das Geschaute und Gespeicherte hinausschleuderte. Sie hielt fest: „ [...] wir [...] blieben einige Tage in der großen Villa [in Blankenese], bis Karl so voller Eindrücke von dem lebhaften Schiffsverkehr [...] war, dass er es nicht mehr aushalten konnte und sofort nach Hamburg verlangte [...] Nachdem Karl fünf Arbeiten aus sich herausgegeben hatte, sagte er: ‚So, nun ist mir wieder wohler, ich konnte es nicht länger ertragen!' Er schenkte die Bilder seinem Freund, der Vorgang war für ihn abgeschlossen."5

Leipolds Entwicklung auf die Spur zu kommen ist nicht ganz leicht, denn er datierte seine Werke nicht. Durch Bilder aus frühen Sammlungen, also aus der Zeit um und kurz nach 1900, lässt sich aber erkennen, dass sich die Themenkreise erweitert haben. Für die Malweise behielt er weitgehend eine gemäßigte Dunkeltonigkeit bei, wie sie vor der ‚Lichtmalerei' des Impressionismus in der traditionell-akademischen Malerei der 2. Hälfte des 19. Jahrhunderts gepflegt wurde. (Abb. Seite 64 rechts)

1902 fand im Altonaer Museum eine Einzelausstellung statt. Eine Rezension zur Ausstellung lässt aufhorchen. Das Bild ‚Im Köhlbrand' wird so besprochen: ‚Baum, Häuschen, Schilf, alles so duftig und doch so keck und wirkungsvoll hingesetzt [...]' Keck hingesetzt deutet nicht mehr auf Bilder mit erzählenden Inhalten wie ‚Bange Ahnung', ‚Vergäng-

---

4   *Prof. Dr. Max Nonne. Erinnerungen an Karl Leipold, o.D. (Unveröffentlichtes Typoskript im Archiv d. Verf.).*

5   *Pauline Leipold. Jugenderinnerungen. Kindheit im Elternhaus in Duisburg und frühe Ehejahre mit dem Maler Karl Leipold, aus der Urschrift übertragen und zusammengestellt von Dr. Walter Ambrosius, Münster 1975 (Typoskript im Archiv d. Verf.).*

Links: Karl Leipold – Foto um 1940. Mitte: Bange Ahnung – Detlefsen-Museum, Glückstadt (Dauerleihgabe Eichweber) – Foto: Widderich. Rechts: Auf der Unterelbe – Privatbesitz - Foto: H.R.Kinkel.

lichkeit' oder Genredarstellungen aus dem Emdener Hafen hin. Weitere Bilder werden in der Rezension erwähnt: ‚Im Hafen von Wewelsfleth' oder ‚Partie von Wilhelmsburg'. Sie erzählen keine Storys mehr, sondern geben Eindrücke des Sichtbaren wieder. Peu a peu kam der Maler also voran. Die Bildtitel wurden allgemeiner: ‚Unterelbe' heißen sie und ‚Segelboote' oder ‚Tjalk nach See gehend'. Dargestellt ist oft nur Wasser, Schiff, Himmel, bzw. Atmosphäre. Einher damit geht der Verzicht auf die Darstellung vieler Details. Auch die Titel der Landschaftsbilder vermitteln nun keine genaue geografische Zuordnung mehr. Mit Titeln wie ‚Holsteinisches Bauernhaus' und ‚Dorf an der Wasserkante' wird lediglich ein grober Hinweis gegeben.

Einen weiteren Themenkreis erschloss sich der Maler mit der Darstellung von Windmühlen. Mühlen sind ja, wie Segelschiffe, Kinder des Windes. Hier wird, wie bei den zuvor genannten Werkgruppen, die Maltechnik zunächst vom satten, pastosen Farbauftrag bestimmt. (Abb. Seite 65 links) Er wird dann dünner und flüssiger (Abb. Seite 65 Mitte) und hat schließlich einen skizzenhaften Charakter. (Abb. Seite 65 rechts)

Eine angestrengte Suche nach geeigneten Motiven gab es für den Maler also nicht mehr. Motive wurden aus der Erinnerung geschöpft. Auch Schiffe konnte der Maler ‚buten Kopp' in die Marinen einfügen. ‚Seemann' Leipold hatte auf seinen Reisen nämlich das Wesen Schiff genau

*Links: Mühle – Privatbesitz – Foto: H.R.Kinkel. Mitte: Mühle – Privatbesitz -
Foto: Widderich. Rechts: Nordische Mühle – Privatbesitz – Foto: H.R.Kinkel.*

studiert und minutiös in Skizzen festgehalten. Deshalb sitzt die Takelage auch bei skizzenhaft erscheinenden Bildern an der richtigen Stelle.

Leipold hatte mit Störort einen Lebensmittelpunkt gefunden, der seine
Entwicklung förderte. Ein Ruhepunkt war Störort aber durchaus nicht.
Er hielt sich auch immer wieder in seinen anderen Wohnungen auf,
auch, um am Markt präsent zu sein. In Hamburg hatte er einen großen
Sammlerkreis. In München beschickte er Ausstellungen im Glaspalast.
In beiden Städten vertraten ihn Galeristen. Mit der Charakterisierung
des unruhigen Künstlers ging der Fachmann, Neurologe Prof. Nonne,
sogar noch weiter: „Seine treffliche Frau, mit Bildung von Kopf und
Herz, sorgte für ihn; sie hatte es schwer, bei dem [...] durch und durch
egozentrischen [...] Mann, der sie oft rücksichtslos [...] behandelte."[6]

Mein Zeitzeuge Dr. Hegler gab dafür auch ein Beispiel. Leipold bestimmte aus heiterem Himmel: „Wir segeln jetzt los!" Seine Frau, stets
als Schiffsjunge, bzw. Moses mit von der Partie, schlug die Hände überm
Kopf zusammen. Sie hatte nämlich gerade einen Topf mit weißen Bohnen auf den Herd gestellt. Widerrede gab es nicht, man segelte auf der
Stelle los. Bei der Rückkehr nach längerer Zeit wuchsen aus dem Topf
auf dem Herd Bohnensprossen.

Mein Einfühlen in die Leipold-Welt animierte mich, mir von dieser Szene ein Bild zu machen. Es entstand ein kolorierter Linolschnitt.
(Abb. Seite 66 links)

Diese uns humorig erscheinende Episode war es für Frau Leipold gewiss nicht. Dr. Hegler beantwortete meine Frage, wie sie es auf dem ab-

6 *Max Nonne (wie Anm. 4).*

Links: H.-Peter Widderich – Karl Leipold: ‚Wir fahren jetzt!‘, 2013 (Linolschnitt, koloriert). Mitte: Venedig, Seufzerbrücke - Privatbesitz - Foto: H.R.Kinkel. Rechts: Venedig, San Protasio e Gervasio – Privatbesitz – Foto: Widderich.

gelegenen Störort und mit diesem Mann aushalten konnte, so: „Sie war halt eine rheinische Frohnatur!"

Leipolds ausgeprägte Liebe zum Wasser, zur See und zum ‚Wassernest‘ Störort trug weitere Früchte. Zum ‚Wassernest‘ Störort notierte Frau Leipold: „[...] bei Sturmflut fehlen ja meist nur 1 bis 2 Fuß, bis das Wasser ins Haus strömt – und dann ist das Haus eine Insel in der See von Hamburg bis zum Atlantik [...]"[7]

Dr. Hegler hatte auch noch einen besonders wichtigen Hinweis auf Lager. Als Leipold einmal verärgert war, verließ er Störort Hals über Kopf. Nach mehreren Schweigewochen fand sich ein gelöster und fröhlicher Maler wieder ein. Kurz darauf kam eine Kiste an. Sie enthielt frisch gemalte Bilder mit - venezianischen Motiven! Leipold war auf seiner planlos begonnenen Tour in der Lagunenstadt Venedig gelandet. (Abb. Seite 66 Mitte und rechts)

Venedig ist keine Stadt am Wasser, sondern im Wasser, das musste ihn thematisch geradezu anziehen. Durch Pracht und Glanz, Morbidität und Vergänglichkeit wurde das Amphibische noch gesteigert. Das Gemälde ‚Rialto‘ ist dafür ein prädestiniertes Beispiel. Im linken Bildteil jubiliert die Pracht, im rechten reißt die Vergänglichkeit ihren Rachen auf.

Durch das Kennenlernen Venedigs, das durch spätere Besuche vertieft wurde, erschloss sich der Künstler eine weitere Motivwelt, die auch

7   *Pauline Leipold (wie Anm. 5).*

zur Aufhellung seiner Palette führte. Seine Venedig-Bilder wurden beinahe zum Renner.

Zu den bislang aufgezeigten Themen kommen noch Bilder, die ich als ‚Reisebilder' zusammenfasse. Dafür stehen Stadtansichten aus Deutschland, z.B. ‚Meissen mit der Albrechtsburg', ‚Regensburg' u.a. In Rom fand er etliche Bildideen, darunter für die ‚Engelsburg'. Aber sein Reiseprogramm, das ins Schaffen einfloss, war beinahe weltumspannend. Denn, so unterrichtete uns Frau Leipold, quirlte er u.a. nach Cardiff, Bombay, Spanien, Südamerika, und wie bereits erwähnt, als Seemann an den Orinoko, aber auch nach Ostindien, ans Weiße Meer, nach Tiflis und Konstantinopel. Am Bosporus fand er das Vorbild für das Gemälde ‚Hagia Sofia'. (Abb. Seite 68 links)

Für die bisherige Entwicklung des Malers habe ich Beispiele gezeigt. Einige seiner Zeitgenossen, wie Prof. Nonne, gaben Einblicke in seine Arbeitsweise. Leipold hat sich aber auch selbst geäußert: „Die Malerei bis heutzutage ging aus von der Darstellung dessen, was das leibliche Auge in der Natur wahrnahm. [...] Viele Meisterwerke sind im Laufe der Jahrhunderte auf diesem Gebiet entstanden. Mir war längst klar geworden, dass ein Fortschritt in der Malerei nur noch möglich sei, wenn sie von einer anderen, als bisher bekannten Basis ausging. Ähnlich wie der Musik soll sie sich der Farbtöne bedienen, um statt einen äußeren, einen inneren Vorgang dazustellen. [...] Ich kam darauf, dass die Kunst mit Farbtönen umzugehen, Musik durch das Auge genießen bedeuten müsse. Genau wie Sebastian Bach [...] eine Fuge auf B.A.C.H. improvisierte, schaffe ich Symphonien, sagen wir in Gelb und Blau, d.h. Gelb durch alle Abstufungen hinauf zum Weiß, hinunter zu Braun und Rot, das Blau variierend, in ebenso unerschöpflicher Skala vom hellsten Ton bis zum tiefsten Violett. Alle Farbtöne aber stehen in einem streng gesetzlichen, kontrapunktlichen Verhältnis zueinander. Das Motiv erscheint nur als Träger der Farbtöne. Die Kunst, mit Farbtönen seelische Erlebnisse höherer Art darzustellen, um ‚Musik durch das Auge gesehen und erlebt', schaltet das Naturstudium aber nicht aus." Aber, so schreibt er weiter: „Niemals, wie die Anderen, beginne ich mit einem Vorwurf. Motiv als schöpferisches Moment kenne ich überhaupt nicht, das will aber nicht sagen, dass nicht intuitiv erfasste Bilder der Umwelt sich mir

Links: Konstantinopel, Hagia Sofia – Privatbesitz – Foto: H.R.Kinkel. Rechts: Regensburg- Deutsches Historisches Museum, Berlin – Repro.

in ganz bestimmten Farbharmonien auflösen und als solche zu einer harmonisch bedingten Neugestaltung drängen können.

Selbst bei der Figur beginne ich nicht mit der festgelegten Form, also der Zeichnung, sondern auch hier ist das seelische Empfinden das Primäre, d.h., die Farbe.

Dieses und nur dies allein, nicht irgend eine Absicht schafft den damit korrespondierenden Farbton. Aus dem entwickelt sich eine Unzahl von Nuancen, teils im Kontrast, teils in sympathischem Zusammenhang.

Das Ganze ist zunächst ein Chaos. Erst allmählich und in rapider Arbeit gliedert es sich, bringt im Rhythmisieren eine Form hervor, lässt sie aber auch wieder verschwinden, oder sich ändern. Es ist ein unaufhörliches rapides Tun, völlig unabhängig von jeder intellektuellen Einstellung. Ja, die Ausschaltung des Intellekts ist sogar Bedingung.

Kurz, meine Gemälde sind die Auswirkung innerlich erlebten Geschehens, nicht aber einer persönlichen Gefühlseinstellung."[8]

‚Jede Landschaft ist ein Seelenzustand' heißt es in der zurzeit laufenden Ausstellung in der Hamburger Kunsthalle ‚Dänemarks Aufbruch in die Moderne. Die Sammlung Hirschsprung'. Ich greife das Zitat auf, denn: Ein Leipold-Bild ist ein Seelenzustand! Leipold bestätigt das: „Im Laufe der Zeit gelangte ich dorthin, wohin es mich längst trieb: zu einem Schauen jenseits der Natureindrücke!"

---

8   *Karl Leipold. Hand- und maschinenschriftliche Niederschriften (Archiv .d. Verf.).*

Das bekräftigen auch kurze Aufzeichnungen Leipolds zu einigen Bildern. Davon zitiere ich zwei.

,Regensburg' (Abb. Seite 68 rechts)

„Farben in Flächen geteilt, die ganz bestimmte Zwecke zum Ausdruck bringen. In ihnen erscheint nicht nur die Stadt als physische Form, sondern als Gehalt des Gewordenen, betont und ausgeglichen durch den über der Stadt gezeigten Himmel, der mit dem lebendig fließenden Wasser darunter das Ganze zu einer ruhigen und ewigen Einheit verbindet."[9]

,Piazza dei Leoni'

„Dieses Gemälde ist nicht etwas entstanden, um Venedig oder eine ganz bestimmte Stelle Venedigs darzustellen. Es begann mit dem primitiven Spiel des Kontrastes zwischen hell und dunkel, von Diskanttönen und den Bässen. Von tiefem Schwarz, tiefem Grün, tiefem Violett hinauf zu den damit korrespondierenden Tönen höherer Lagen bis zum Weiß. Allmählich entsteht aus dem Formlosen die Form. Noch aber bleibt die Form seelenlos, bis sie im unbewussten inneren Erleben zu Steigerungen geführt wird, in denen der Geist als lebendiges das Ganze zur Harmonie und zu einer absoluten Einzigkeit führt. Bei diesem Tun ist die Ausschaltung des Intellekts das Primäre."[10]

Der Maler hielt fest, dass er seine Bilder aus der Farbe entwickelte. „Die Arbeit selbst ist total intuitiv", notierte er und schrieb weiter: „Später Kontrolle durch das Wissen, welches ich mir in der Natur angeeignet habe." Wassily Kandinsky notierte: Viele Bilder sind Improvisationen, ,Eindrücke der inneren Natur'. Das trifft auch für Leipold zu. Sein bereits beschriebenes Naturstudium zu Wasser und zu Lande, sein Wissen um Schiffe, Mühlen und norddeutsche Haustypen, konnte er mühelos aus dem Gedächtnis abrufen. Wie aber, fragte ich mich immer wieder, bewältigte er Motive, die eine komplizierte und genaue Darstellung verlangten, wie etwa venezianische Bauten?

Irgendwann tauchten zwei unbetitelte Gemälde auf. Das eine stellte einen Palast dar, der wegen der Gondel zweifellos ein venezianischer

9 Karl Leipold. Regensburg, o.D. (Typoskript im Archiv d. Verf.).
10 Karl Leipold. Piazza die Leoni, o.D. (Typoskript im Archiv d. Verf.).

Palast ist. Das zweite Bild gibt aber Rätsel auf. Schließlich kam mir Kommissar Zufall zur Hilfe, als ich einige Fotos zur Hand nahm, die aus Leipolds Nachlass stammten und von der ehemaligen Störorterin Christa Lüdemann gehütet worden waren. Eines der alten Fotos zeigte den Palazzo Contarini-Fasan, den sogenannten Palazzo Desdemona am Canal Grande. Der Vergleich Gemälde und Foto lässt in diesem Fall einen wichtigen Schluss auf Leipolds Arbeitsweise zu. Für die Vollendung eines Bildes zog er, nach dem beschriebenen chaotischen Arbeitsbeginn, Gedächtnisstützen heran. Bei diesem Gemälde war es ein Foto, das jedoch nicht detailgenau übernommen wurde, wie die Gegenüberstellung zeigt. Meine Vermutung, dass Leipold kein bloßer Abmaler war, fand ich nochmals bestätigt. Man muss sich immer wieder ins Gedächtnis rufen, dass es sich um ein Bild handelt und nicht um einen Palast. Beim Vergleich des zweiten Bildes mit dem Foto ist die Überraschung größer. Da geht es absolut nicht um die Darstellung einer Kanzel, wie ich zunächst vermutete. Das Foto ist betitelt: ‚Treppe des Palazzo Loredan, Venedig'. Die erheblichen Abweichungen verdeutlichen: Ein Foto gibt Objektives, ein Gemälde Subjektives wieder. Vom unterstützenden Foto bleibt nicht die augenfällige Wirklichkeit.

Leipold wäre nicht Leipold, hätte er die Hände in den Schoß gelegt. Sein unaufhörliches Streben führte abermals zu neuen Ufern. In breitem Nebeneinander entstanden fortan sowohl Bilder mit Wasser-, Mühlen-, Landschafts- und Venedigmotiven, als auch mit Themen aus Literatur, Geschichte und Phantasie. Dafür knüpfte er sowohl an frühe erzählende Bilder an, genannt sei die ‚Bange Ahnung', wie auch an den bereits in dem Bild ‚Vergänglichkeit' anklingenden Symbolismus.

Es entstanden Bilder wie: ‚Vision eines Klippers', ‚Gralsburg', ‚Aus dem Totentanz' und ‚Alte Hafenstadt'.

Bei diesem Werkkomplex konnte Leipold sein fundiertes Können virtuos einbringen und seiner Phantasie freien Lauf lassen.

Der Wiener Architekt Adolf Loos verglich einmal Haus und Kunstwerk. Das Haus habe allen, das Kunstwerk niemanden zu gefallen, meinte er. Er kam zu dem Schluss, das Kunstwerk sei revolutionär und solle Menschen aus ihrer Bequemlichkeit reißen. Das Haus hingegen diene der Bequemlichkeit und sei konservativ.

Viele Leipold-Anhänger wollten sich aber nicht aus der Bequemlichkeit reißen und revolutionieren lassen. Sie taten sich damit schwer, was ihre bestehenden Erwartungen nicht erfüllte. Sie liebten Bilder voller Stimmungen, Musikalität und Geheimnis, wie der Maler von Störort das statt durch Detailgenauigkeit und Zeichnung durch gekonnt eingesetzte Valeurs, also feine Abstufungen des Farbtons, ausdrücken konnte. Gemälde der Spätphase wurden weniger beachtet. Wissenschaftlich unter die Lupe genommen wurden sie bis heute auch nicht. Immerhin wurde das Gemälde ‚Tor zum Kosmos‘ (Abb. Seite 79 links) im Jahr 2000 in der Ausstellung ‚Seelenreich – Die Entwicklung des deutschen Symbolismus 1870–1920‘ in Frankfurt, Stockholm und Birmingham gezeigt.

Die Blicke auf Leipolds Entwicklung sollen mit einem Besuch im Störorthaus ausklingen. Sie zeigen, wie mir mein Informant, der Maler Hermann Wehrmann aus Glückstadt, Mosaiksteinchen zum Leipold-Puzzle zukommen ließ. Wehrmann schrieb einige Erinnerungen auf:

„Das Atelier Leipolds auf Störort.

Das Atelier lag an der Nordseite des großen Hauses im Erdgeschoss, es besaß ein großes Fenster aus Eisen. Hier befanden sich einige Staffeleien und verschiedene Leinwände auf Keilrahmen, auch Platten. Angefangene, in Kohle vorgezeichnete Arbeiten auf Staffeleien + Borden. Viele Skizzenbücher lagen auf Kisten und Bank. Krimskram: Das Logbuch der ‚Walkyrie‘, ein Schiffstagebuch + das Beiboot ‚Moses‘ hatte Leipold mir übergeben. Leider verbrannte mir das Logbuch im Atelier.

Der ganze Dachboden, 10 x 30 m, barg viele Teile Schiffszubehör. Von dem 1897 vor der Störmündung gestrandeten Segler ‚Walkyrie‘ waren viele Teile dort gelandet. Nock, Teile der Takelage, zerrissene große Segelfetzen, graue + rote. Tageslicht kam nur durch einige Glaspfannen, 3 qm groß. Alles war im Halbdunkel + Dämmerlicht gehüllt. Verschiedene Matratzen + Kojen waren vorhanden. Es machte den Eindruck eines Kabelgatts. Viel altes Tauwerk, Blöcke, Speichen und Segelzeug, Schiffsplanken + Spanten. Kleine + große Anker (Strandgut), Bojen + alte Fischernetze.“

Kurze Zeit darauf fand ich noch eine Ergänzung im Briefkasten:

„Vorderstuben zur Stör hin. Nach außen ein von 2 Säulen getragener Vorbau. Eine Stufe. Diagonal verlegte Vierkantfliesen, links unterm Fenster eine Bank. Die Küche war mehr eine Art Pantry. Seekisten verschiedener Ausführungen waren dort. Unterm Fenster ein kugelbeiniger Tisch, 2 Stühle. Auf der Feuerstatt – sie war der Rest eines altdeutschen Herdes, ein Grapen hing am Kesselhaken. Eine kleine Bank mit Wassereimern und Schöpfkelle. Es war alles in dunklen Farben, sehr alte Anstriche. Boden war roter Sandstein. Eine Bank befand sich gegenüber der Feuerstatt. Petroleumkocher. Auf einem Bord standen einige Tassen und Teller. Lampe gab es nicht, auch nicht in den vorderen Räumen. Leipold war sehr für lebendiges Licht. Wenn ich mal Einschau hielt und meist bis in die Dämmerung blieb, nahm L. zwei große Kerzen, stellte dieselben auf den Klapptisch 1 m von sich entfernt. Er saß dann auf einem holländischen Stuhl mit überhöhter Lehne steil vor mir und wir unterhielten uns."

Die zuletzt zitierte Mitteilung schrieb Wehrmann, so erzählte er mir später, im Wartezimmer seines Arztes, übrigens auf der Rückseite der Todesanzeige des Malers Albert Johannsen aus Husum, der sein Freund und Lehrer war.

Wehrmann ergänzte seine Erinnerungen mit einigen Skizzen. Außerdem hat sich ein Blatt erhalten, auf dem er Leipold in Porträtskizzen festhielt.

Wehrmann erwähnt, dass ‚angefangene und aufgerissene Arbeiten auf Staffeleien und Borden' standen. Leipold berichtete aber, dass er ohne Vorarbeit seine Bilder begänne. Prinzipiell bezweifle ich das nicht. Hin und wieder strickte der Maler aber auch an seinem Mythos.

Der Maler von Störort hatte durch seine breite Themenvielfalt, besonders aber mit maritimen, norddeutschen und venezianischen Darstellungen, eine große Sammler- und Käufergemeinde. Das erlaubte ihm, im gewissen Rahmen, ein breitgefächertes Leben. Er besaß das Störorthaus, mehrere Jahre lang ein Haus am Ammersee, ständig mehrere Wohnungen, die er wechselweise besuchte, ein Schiff, und er machte Reisen. Seinen Bruder unterhielt er lebenslang. Eine weibliche Hilfskraft hielt ihm den Alltag fern. Sie erledigte u.a. den Bilderversand für Ausstellungen mit dem dazugehörenden Papierkram und das damit verbundene Reisen von A nach B und C. Und die Grundlage dafür schuf er sich mit und auf Störort, der eigentlichen Heimat seiner künstlerischen Entwicklung.

III. Karl Leipold und Hans Leip

Unter den Neuigkeiten, die mir nach und nach ins Haus flatterten, war eines Tages eine Meldung aus der ‚Wilsterschen Zeitung' vom 9. August 1935. Es wurde berichtet, am und im Leipold-Haus würden Szenen für den Ufa-Film ‚Einer zuviel an Bord' mit Albrecht Schönhals und Lida Barova gedreht. Der Literat Hans Leip habe seine Hände im Spiel.

Was es damit auf sich hatte, brachte mein ‚Netzwerk' an den Tag. Frau Clara Nonne hatte erreicht, dass Hans Leip seine Erinnerungen an Karl Leipold aufschrieb. Erschienen sind sie am 4. Mai 1974 unter dem Titel ‚Der Kauz auf Störort' in der ‚Thurgauer Zeitung'. Leip schreibt zum Filmprojekt: „[...] Die Ufa drehte den Film ‚Einer zuviel am Bord', und ich war beauftragt, eine ruhige Ecke am Elbufer mit Bauernhaus und weitem Blick zu erkunden. Und kam hinter Wewelsfleth an die Störmündung, und dort [...] hatte Leipold sich [...] niedergelassen. Er war grad zu Hause und hatte nichts dagegen, sein Gelände für ein paar Aufnahmen freizugeben [...] wir [standen] mitten in der grünen Landschaft, in die der Filmassistent eine Menge Papierblumen verteilt hatte, um dem im Drehbuch vorgesehenen gewichtigen Spaziergang eines Liebespaares den malerischen Untergrund zu leihen. Leipold lächelte eisig, schob seine runde, bunte, norwegische Mütze in den Nacken und erklärte, er halte mit Strindberg jede Sentimentalität in der Liebe für abwegigen Firlefanz, so als wolle man Heringssalat mit Vanilleeis mischen. Ein Kameramann hatte sich derweilen einen Schnappschuss gegönnt, und als eine Dame eines Tages die Aufnahme sah, meinte sie geistreich: ‚Leip old und Leip young.' "

Die ‚Wilstersche Zeitung' informierte auch über den enormen Aufwand für die Filmaufnahmen: „[...] dann [...] hielten am vorigen Sonnabend die am Film Beteiligten, etwa 40 Personen, mit allem was dazugehört, auf Autos und Lastautos ihren Einzug in Wewelsfleth. [...] In Wewelsfleth wird's lebendig. Ja, Wewelsfleth hat seine großen Tage; nicht nur, weil die meisten Filmangestellten im Dorf in Bürgerquartiere untergebracht sind, sondern weil ein riesiger Fremdenverkehr aus der näheren und weiteren Umgebung eingesetzt hat. Schönhals und die Barova [...] freilich wohnen in Glückstadt. Aber im Gasthof zur Fähre wird abends in fröhlicher Runde gegessen. Die Leute vom Film, die Darsteller, Techniker, Zeichner, Angestellten, Sekretäre, Friseusen, Garderobenfrauen und was alles dazugehört, sind vergnügte, lebenslustige Menschen, besonders, wenn's ihnen irgendwo gefällt, wie hier in Wewelsfleth. [...] Anfang Oktober wird der Film in Berlin uraufgeführt werden. Wir werden ihn dann auch hier bald zu sehen bekommen. Aber von Wewelsfleth und Störort wird nicht viel zu erkennen sein."

Da vermutete der Berichterstatter richtig. Wewelsfleth kommt im Film überhaupt nicht vor, Störort immerhin etwa 5 Minuten. In dem Liebesfilm kriegt sich, nach Dramatik und Verwechslungen, das Paar am Ende, wie es meistens so ist. Der Filmschluss spielt auf Störort, vor und in dem Leipold-Haus. Kapitän von Moltmann (Albrecht Schönhals) landet mit seiner Braut Gerda Hegert (Lida Barova) per Barkasse am Störortufer. Er will ihr, bevor er wieder auf große Fahrt geht, sein Haus zeigen. Sie gehen über die Wiese zum Haus, die Papierblumen sieht man kaum. In Leipolds guter Stube wird Kaffee getrunken. Dann: Abschiedsszene unter den Linden vorm Haus. Und: Klappe. Der Film hatte übrigens eine hochkarätige Besetzung. Es spielten u.a : René Deltgen, Rudolf Platte, Willy Birgel, Alexander Golling und Grete Weiser.

Wunderbarerweise hat sich ein flott hingeschriebener Brief von Leipold an seine Frau erhalten. Er berichtet von dem technischen – und letztlich finanziellen – Aufwand für 5 Minuten Film.

,Liebe Pauline Meine Lieben[11]

Da muss ich Dir und Euch etwas besonderes mittheilen das Euch alle interessieren wird - Hier im Hause und vor der Tür und auf der Stör vor dem Hause arbeitet jetzt eine Menge Menschen

Die Ufa grosse Filmgesellschaft dreht auf Störort den neuen grossen Tonfilm „ Ein Mann zuviel an Bord. Vor 8 Tagen kam der Director & etliche Herren von Berlin & Hamburg mit Barkasse von Hbg – besuchten mich mit dem Hamburger Schriftsteller Hans Leip - Sie wollten gerne das Haus sehen - Begeistert - baten ob Filmaufnahmen gestattet wür-

---

11   *Leipolds Schreibweise wurde nicht verändert, enthält also nach heutigen Maß-*
      stäben Rechtschreibe- und Grammatikfehler.

den – Ueberrascht also ja – Ein Act spielt in Hamburg und ein Haus
von Styl und Character suchten sie vergeblich bis H Leip sie auf Störort
aufmerksam machte – mitkam & die Bekanntschaft vermittelte – Sie
waren schon einen Tag in W[ewelsfleth] aber dort hörten sie ich neh-
me keine Besuche an so haben sie schleunigst Leip von Hbg kommen
lassen Sonntag war ein Stab 12 Personen bei mir in der Diele Tee und
Besattungen – Also – von Berlin kamen 2 Malermeister Tischler etc.
wohnen im Dorf – Meister Oehlers [Tischler in Wewelsfleth] damit er
was verdient repariert den ganzen vorderen Giebel. Die Seitenteile des
Giebels rechts & links bis oben zum Dach macht er ganz neu – Mit
grossen Leitern sind sie schon dabei – Mittlerweile wird der ganze
Giebel von ganz oben mit Riesenleitern neu hellgrün gemalt – Gärtner
aus Wilster macht ovale große Blumenbeete auf der Wurt und vor der
Wurt – Hafen wird gekleit und ein großer massiver Landungssteg in die
Stör gebaut wo der Dampfer mit dem Handelsmarineoffizier & seine
Braut ankommt – I Act Hbg – II & III Act Störort teils im Wohnzimmer
teils auf der Stör einlaufend und teils vor dem Hause auf d. Wurt Zwei
prachtvolle Riesen neu angefertigte Gartenbänke & Rococo Gartentisch
sind von Berlin Ufa Atelier schon da & stehen auf der Wurt – Alles
bleibt hier als mein Eigenthum für das freundliche Entgegenkommen
[...]Die Leute werden in Wewelsfleth und Umgebung die Schauspieler
in Glückstädter Hotels wohnen – es wird Boot gekauft & Pendelverkehr
über die Stör eingerichtet. Friseure Garderobenmenschen ein gutes
Durcheinander – Wewelsfleth wohnt der Ufa Architect & seine Leute
jetzt schon in Kost & Logis und steht auf dem Kopf wie ein Lauffeuer
– Wilster Zeitung berichtete schon etc etc., usw. Von mir hat man Groß-
aufnahme gemacht Die Directoren sind begeistert von Störort – Hatte
Tee Sonntag für den ganzen Stab 12 Personen beim Kaminfeuer Die Ufa
Arbeiter arbeiten wie die Wilden sie müssen hexen können sagen sie.
Vorne werden auch Fensterblenden von Oehlers gemacht er muss die
Nächte zu Hause durcharbeiten – so ein Tempo ist er nicht gewohnt –
Von der Werft Wägen mit Balken & Bretter für Steg wo der Dampfer von
Hamburg kommend anlegt – Also ich kriege das ganze Haus von außen
total neu – gratis – – Dabei sind sie heilfroh dass sie da filmen dürfen
Denn überall suchend an der ganzen Elbe hatten sie nichts finden kön-

nen das Styl hat – Zufällig war H Leip vor 4 Jahren mal 1 Nachmittag in Störort – so kam er ihrer Verlegenheit zu Hilfe – –
So – nun ist es mal etwas ganz anderes auf einmal
Mit den allerherzlichsten Grüssen …[12]

Das war's zum Thema Film und Action auf Störort. In vier Büchern hat der Literat Hans Leip dem Maler Karl Leipold ein Denkmal gesetzt. Wenn der Maler in Episoden auftaucht ist allerhand los. Das Interesse des Literaten Leip galt vor allem dem Menschen Leipold. Er hatte nämlich schnell erkannt, dass der Maler zur Spezies gehört, die für Anekdoten ergiebig und damit Buch-Futter sind. Das Kennenlernen der Beiden vermittelte der in der Altonaer und Hamburger Kulturszene verwurzelte „[...] genießerische Jäger auf Käuze aller Sparten, der gerne andere an seine Entdeckungen teilhaben ließ. [...] Der Maler lud zum Tee. Von mittelgroßer, hagerer drahtiger Statur [...] Sein Schädel war schmal, die Stirn hart und gut gerundet, die Nase scharfrückig, die Augen dunkel unter starker Brauenwölbung, das Haar schwarz. Den schwarzen, schon früh graumelierten Vollbart trug er kantig geschnitten in Form etwa einer Zigarrenkiste, er pflegte ihn mit herrischem Ausdruck fast waagerecht vorzustrecken, wenn er von Erlebnissen berichtete oder Entscheidungen traf. [...] Wir beschlossen [...] St. Pauli aufzusuchen. Leipold kommandierte: ‚Meine Stiefel!'" Auf St. Pauli, berichtet er weiter, gab es kuriose Begegnungen und Zusammenstöße. „[...] selbst das Alkazar mit seinem Variété- und Damenangebot lehnte der Maler als pure Snob- und Grünhornfalle ab. Das einzig Echte hier weit umher sei das Hippodrom in der Großen Freiheit, und dort wolle er zeigen, was man aus den müden Gäulen herausholen könne. [...] im „Oln Peerstall", im Duft der Manege und dem Geschmatz der Blechmusik ergab sich bald eine Rempelei, deren Ausgang bei unserer Minderzahl nicht fraglich sein konnte. Schon hielt der Stallmeister die Pferde an, schon rückten einige üble Kerle näher, da aber hatte Leipold den Hauptschalter erkundet. Ein Ruck, und das überfüllte Lokal war jäh verdunkelt; wir konnten uns unbeschädigt der johlenden Finsternis entziehen. Von den Vergnügungen St. Liederlichs hatten wir erstmal genug, saßen dann noch eine

---

12   Karl Leipold. *Handschriftlicher Brief an Pauline Leipold, o.D. (1935) (Kopie im Archiv d. Verf.).*

Weile im Grogkeller an der Palmaille, der von Liliencron bevorzugt und Kanaillenkeller getauft war. Und der Maler spann ein sachtes Garn von Abenteuern mit Haifischen und Südseefürsten. [...] Noch einmal begegnete ich dem da schon alten, aber immer noch alerten Herrn, das war in Berlin in seinem Atelier am Kaiserdamm. Es gab wiederum vorzüglichen Tee [...]"[13]

In dem 1965 erschienenen Buch ‚Sukiya oder: Die große Liebe zum Tee' veröffentlichte Leip 27 Tee-Episoden. Unter der Überschrift ‚Malertee' tritt Karl Leipold auf. Zunächst wird der Leser folgendermaßen unterrichtet: „In reputierlichen Häusern gilt es noch immer als am unverfänglichsten, nicht vollends eingeführte Gäste, von denen man sich etwas verspricht, ohne doch sicher zu sein, erst mal zum Tee zu bitten. (Kaffee macht viel zu geschwätzig, erklärte Madame S. [...]) Die Gattin eines vorzüglichen Malers pflegte solche Teestunden mit Bedacht und wusste Leute mit verheißungsvoller Börse aufs gewinnendste heranzuziehen. [...] Auch der Maler Leipold ... war ein ausgepichter Teekenner. In seinen zahlreichen Ateliers [...] war jeweils ein Teil seiner bedeutenden Sammlung an Teegeschirr untergebracht. Es waren kostbare Stücke aller Zonen und Zeiten darunter frühes chinesisches und japanisches Dekor, erste Meißner Porzellane, englische Seltenheiten [...] Die antiquarsten seiner Teegeräte bevölkerten einige Borde seiner merkwürdigen Zuflucht. Sie befand sich im Giebel eines windschiefen Speichers am Cremonfleet in Hamburg. Dort waren die unterschiedlichsten Teebüchsen stets frisch aus dem Freihafen gefüllt, und er mischte die Sorten selber vor Gebrauch schnüffelnd und kostend wie ein geprüfter Teataster, dabei sich über Herkunft und Eigenart ergehend und voll beiläufiger Anekdoten über Geschichte und Erwerb der Services. Lagerung und Zubereitung des Tees waren ihm Stoff für stundenfüllende Gespräche, immer durchblitzt von unerwarteten Lichtern wie seine Meereswellen. Nirgends habe ich die ein gutes Gespräch fördernde Wirkung des Tees so unmittelbar gespürt wie unter der jahrhundertgeschwärzten Balkendecke des hanseatischen Kaufmannsspeichers [...] In Berlin bevorzugte er Darjeeling, reinen second flush mit nur wenigen, kaum fermentierten grünen Krümeln einer monsumgesegneten Erde aus den javanischen Teegärten eines Freundes, zu hellen und an die sieben Minuten

---

13   *Hans Leip. Der Kauz auf Störort (Thurgauer Zeitung, 4.5.1974).*

zu brühen. Der Trank war würzig-bitter und köpfte leichthin. Nur ein-mal habe ich ihn dort überm Kaiserdamm genossen. Ich war eingeladen, weil sich der Mann durch mich eine Vermittlung versprach. Zu was? Der graumeliert-kinnbärtige, ranke Abenteurer hatte in seinem sieb-ten Jahrzehnt die Idee, einen Finkenwerder Fischkutter zu kaufen. Im Verein mit einem vormaligen Gesandtschaftsmitglied an orientalischen Höfen gedachte er, zwischen den Küsten der Roten See einen Handel aufzuziehen, nicht etwa mit Tee – oder doch nur an zweiter Stelle –, sondern mit Mädchen jener Gebiete, indem er die Mageren Geschöp-fe der unbegüterten Seite billig an Bord nehmen und auffüttern wollte (mit Tee und Haferflocken), um sie gerundet am begüterten Gegenufer günstig abzugeben. Die nötigen Theresientaler für den Geldverkehr je-ner Breiten würde man – so erfuhr ich aufs vertraulichste – unterwegs aus gehorteten Silberbarren – man zeigte sie mir – selber prägen. Der Krieg scheint, wie so manches, die Ausführung des wunderlichen Plans verhindert zu haben." Soweit Hans Leip.

Vorläufiges Schlusswort

Für mich ist Karl Leipold ein schöpferisches Individuum, das hinter den Oberflächen mehrere Schichten erkannte. Er reflektierte in seinen Bil-dern die Wahrnehmung von Realität und brachte sie erweitert als ‚Aus-wirkung innerlich erlebten Geschehens' auf die Leinwand. Peu a peu blätterte ich nicht nur überraschend viele Facetten des Malers auf. Sie zeigten, er war thematisch nicht auf maritime und venezianische Mo-tive festgelegt. Auch lernte ich manches über den Menschen Karl Lei-pold kennen und war oft erstaunt, wie gegensätzlich Maler und Mensch waren. Hier der Maler kontemplativer Bilder, dort der quirlige, ruppige Mann. Aber Gegensätze bedingen einander. Das ist der Schlüssel. Mit Goethe: Zwei Seelen wohnten, ach, in seiner Brust. Karl Leipold war als Maler und Mensch ein Einzelgänger. Einen Kauz, wie es Hans Leip tat, würde ich ihn aber nicht nennen. (Abb. Seite 79 rechts)

Meine Vermutung, dass vor unserer Haustür auf Störort ein beson-derer und außergewöhnlicher bildender Künstler lebte, hat sich über Gebühr bestätigt. Vielleicht konnte ich davon etwas vermitteln. Die Be-

Links: Tor zum Kosmos – Stiftung Moritzburg, Halle, Kunstmuseum des Landes Sachsen-Anhalt – Foto: Repro. Rechts: Selbstporträt – Detlefsen-Museum, Glückstadt (Dauerleihgabe Dr. B. Kinkel) – Foto: W. Worm.

schäftigung mit Leben und Werk des Künstlers hat mir wichtige Impulse gegeben, und, wie bereits gesagt, mein Leben wesentlich bereichert.

Das definitive Schlusswort

kommt mit einer Anleihe bei Loriot daher: Ein Leben ohne Leipold ist möglich, aber sinnlos! – Damit ist die unendliche Leipold-Geschichte aus – für heute!

Schaufenster Schullehrerbibliothek Münsterdorf – Ein Blick in das Dorfschulwesen des 19. Jahrhunderts

Elke Witt

Im Sommer 2008 wurden die Pfarrbibliotheken der kleineren Kirchengemeinden, die im alten Gemeindehaus in Krempe lagerten, aufgenommen. Aus der Kirchengemeinde Münsterdorf fand sich nicht nur die wertvolle Predigerbibliothek, die inzwischen als Leihgabe in der Nordelbischen Kirchenbibliothek in Altona ihren Platz gefunden hat, sondern auch ca. 360 Bände einer Schullehrerbibliothek, sowie kleine Reste einer Volksbibliothek, einer Fortbildungsbibliothek und einer gemeinnützigen Bibliothek.

Der Bestand der Schullehrerbibliothek revidierte nach längerer Beschäftigung für mich, zumindestens für Münsterdorf, meine bisherige Ansicht über das Dorfschulwesen des 19. Jahrhunderts. Zweifellos war die frühe Einrichtung einer Schullehrerbibliothek in Münsterdorf eine Besonderheit; es fanden sich in den Beständen der anderen Pfarrbibliotheken keine Hinweise auf eine solche. Sie hatte ihren Ursprung in der „Magensschen Stiftung" von 1629.

Die Magenssche Stiftung

Zur Person der Stifter, von denen auch noch andere Legate, so ein Stipendium für mittellose Pfarramtsstudenten bekannt sind, gibt Nicoli-

Schullehrerbibliothek in Münsterdorf 2013. Foto: H. Restorff, GS Münsterdorf.

ne Still folgendes an: Hinrich Magens wurde am 29.5.1595 in Holstein geboren. Der Statthalter Gerdt von Rantzau vertraute ihm 1621 wegen „angewendeten Fleißes und verspüreter Treue" die gesamte Verwaltung der Herrschaft Breitenburg an.[1] Er heiratete 1629 die Jungfer Elisabeth Rademann; die dreizehn Jahre währende Ehe blieb kinderlos. 1638 legte er sein Amt nieder und kaufte sich einen Hof in Uhrendorf-Beidenfleth. Er starb am 13.Juni 1640. Vor seinem Tode hatten die Eheleute in ihrem Testament verschiedene Stiftungen eingerichtet. Die prächtige Stiftungsurkunde ist erhalten und liegt nun im Kirchenkreisarchiv Wrist. Es heißt darin:

„Zur fortwährenden Vermehrung der Bibliotheken bei den drei Kirchen des Gutes Breitenburg zu Münsterdorf, Breitenberg und Stellau, sowie der St. Laurentii Kirche zu Itzehoe und der Kirche zu Beydenfleth, bei der Breitenburger Untergehörige eingepfarrt sind, hat im Jahre 1629 der derzeitige Verwalter auf Breitenburg und dessen Ehefrau für jede der genannten Kirchen eine, am Tage nach Johannis fällige, Rente von 12 Mk 4 ßl fundirt, auch dem jedesmaligen Organisten in Münsterdorf als eine Gehaltsvermehrung eine jährliche Rente von 6 Mk.4 ßl ~.beigelegt. Die Stifter belegen nämlich unaufkündbar und zu 6 1/4 p.Ct ein Kapital von 1400 Mk. in einem Hofe zu Bekmünde und bestimmten, daß die Prediger an den gedachten Kirchen jene Einnahme zu Einkaufung einiger den Kirchen und ihnen dienlichen Materialien und Bücher verwenden sollten".[2]

Man darf davon ausgehen, dass aus dieser Stiftung fortan Bücher angeschafft wurden, allerdings zunächst wohl vor allem für die Pfarrbibliothek. Die ältesten Bände der Schullehrerbibliothek zeigen das Erscheinungsjahr 1786. Es handelt sich dabei um eine in Leipzig gedruckte sechsbändige Reihe von Johann Matthias Schröckh mit dem Titel: „Allgemeine Weltgeschichte für Kinder".

Die Bibliothek wurde im Pfarrhaus aufbewahrt und verwaltet. Die Lehrer der Schulen des Kirchspiels, also aus Münsterdorf, Kremperheide, Breitenberg, Lägerdorf, Dägeling, konnten dort die benötigten Bände ausleihen. Wahrscheinlich hatten sie zunächst wenig Einfluss auf die angeschafften Titel, denn die Schulaufsicht lag ja bei dem Pastor in in

1 Still: a.a.0. S. 161.
2 Pauly: a.a.0. S. 133.

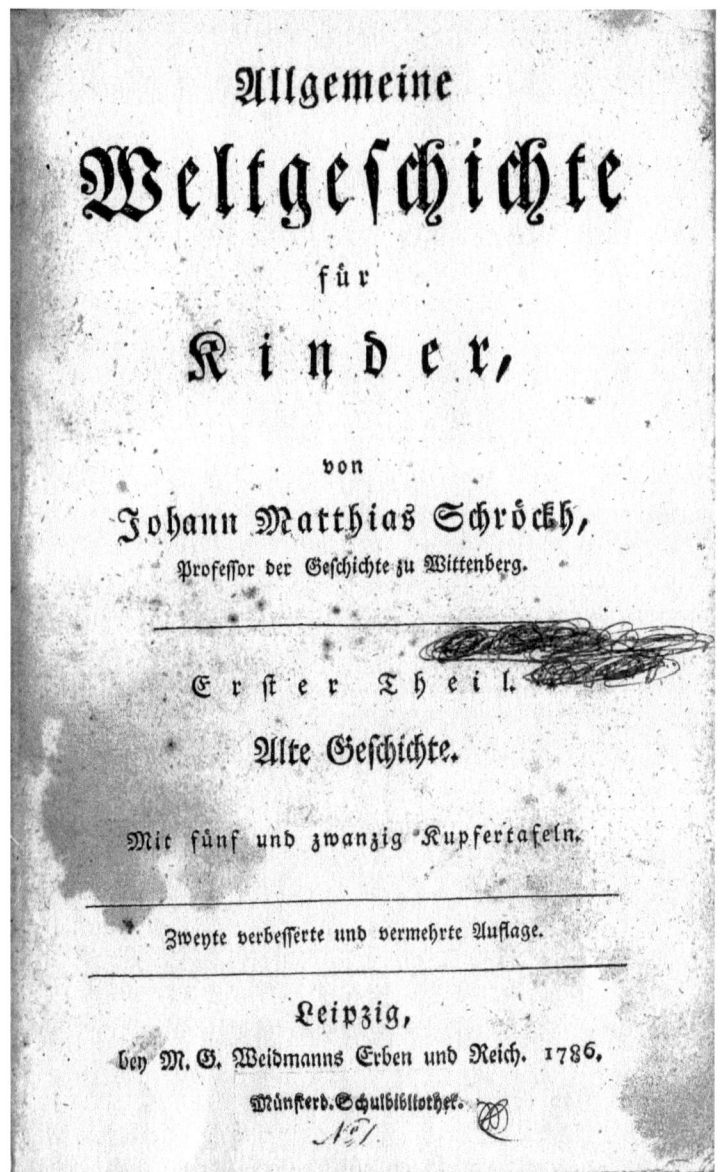

Johann Matthias Schröckh, Allgemeine Weltgeschichte für Kinder, Leipzig 1786.
Münsterdorfer Lehrerbibliothek Nr. 1.

Münsterdorf. Das änderte sich wohl durch die Bestimmungen der "Allgemeinen Schulordnung für die Herzogthümer Schleswig und Holstein" von 1814. Darin heißt es im 3. Abschnitt über die Landschulen in § 75: „Zur Gründung einer Schulbibliothek sollen von einer jeden Gemeine aus der Kirchenerhebung wenigstens 8 Reichsbankthaler jährlich ausgesetzt und dafür zweckmäßige, für Schullehrer und Kinder nützliche und brauchbare Bücher angeschafft, in ein Verzeichnis eingetragen und in einem besonderen auf Kosten der Kirchen zu veranstalteten Schulschrank im Pastoratshause aufbewahrt werden, aus welchem sie an die Schullehrer gegen einen Empfangsschein geliehen werden."[3]

Das damals in Münsterdorf sicher erstellte Verzeichnis ist leider verschollen. Es liegt aus dem Jahre 1881 ein Verzeichnis der Bücher von Pastor Arps vor. Er übernahm die vorhandene Nummerierung, und danach waren schon damals 11 Titel verloren.

Bis heute sind weitere 60 Bücher nicht mehr vorhanden. Die Aufstellung endet mit der Nummer 420 und wurde zum letzten Mal 14. Juni 1921 als geprüft abgezeichnet. Bis zum Erscheinungsjahr 1850 umfasste der Bestand 200 Bände. Das jüngste Buch das alten Verzeichnisses weist das Erscheinungsjahr 1907 (Friedrich Paulsen: Aus meinem Leben), der Anhang reicht bis 1910.

Gewichtung der Bücher nach Themen

Auffällig ist, dass bis etwa Nummer 150 die religiösen Bücher in der Minderheit sind, von etwa 1842 bis 1870 überwiegen, um dann wieder den Realien und der Pädagogik den Hauptanteil zu überlassen. Das könnte einerseits durch den ersten gut ausgebildeten Lehrer, der von 1806 bis 1844 tätig war und vermutlich Einfluss auf die Anschaffungen nehmen konnte, zurückzuführen sein; die vorwiegend religiöse Ausrichtung beeinflusste möglicherweise Pastor Schröder, der von 1840 bis 1862 in Münsterdorf tätig war.

Fast 100 Bücher vertreten das Fach Religion. Dabei muss man bedenken, dass das Fach Religion mit 6 Wochenstunden ein Hauptfach war, jeder Schultag begann mit einer Religionsstunde, und bei jährlichen Schulprüfungen durch den Pastor stand dieses Fach im Mittelpunkt.

3 Rendtorf: a.a.0. S. 176.

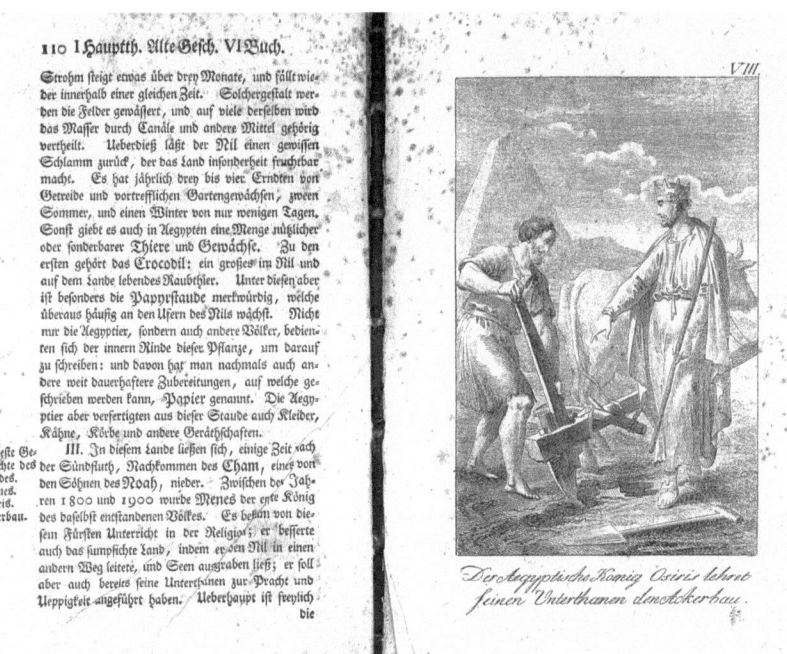

Schröckh, Band 1, S. 110. Münsterdorfer Lehrerbibliothek Nr.1.

Den Kindern wurde sehr viel auswendig Gelerntes, Bibeltexte, Katechismus und Choräle abgefordert. 20 Bücher sind nicht mehr vorhanden.

Mit 81 Bänden, darunter drei mehrbändigen Reihen, folgen die Realien, also Geschichte, Erdkunde und Naturkunde. Davon sind 40 Bände verschollen.

Pädagogik und Psychologie sind mit 57 Bänden vertreten, darunter 14 Bände mit den Werken von Heinrich Pestalozzi; davon 16 verschollen. Zu erwähnen ist weiter ein Lexikon in 6 Bänden und etwa 30 in Jahrgängen gebundene Gesetzessammlungen.

Das Fach Deutsch ist lediglich mit 7, das Rechnen gar nur mit 4 Titeln vertreten. Das ist auf den ersten Blick verwunderlich, waren doch diese Fächer gleich nach der Religion am wichtigsten und standen täglich mit einer Stunde auf dem Stundenplan. Es wird aber verständlich, wenn man bedenkt, dass es für diese Fächer Bücher für die Hand der Kinder gab, die auch der Lehrer benutzte und verbrauchte, und dass

Schröckh, Band 6, S. 360. Münsterdorfer Lehrerbibliothek Nr. 6.

der Lehrer sich in diesen Fächern sicher glaubte und weniger Informationsbedarf hatte. Auch gab es preiswerte Heftchen für Sprachübungen, Rechtschreiblehrgänge, Verstandes- und Denkübungen und Kopfrechenaufgabensammlungen, welche die Lehrer aus ihrer Ausbildungszeit in eigenem Besitz hatten. In den Realien dagegen musste er sein Wissen wohl immer wieder auffrischen.

Einbände und Erhaltungszustand

Die meisten Bücher haben einen festen Einband, etliche als Einband aber nur dickeres Papier und etliche, vor allem kleinere Schriften sind ohne Einband. Uneingebundene Bücher waren billiger, und das Einbinden von Büchern stand auf dem Lehrplan der Lehrerseminare. Es fällt auf, dass die Bücher religiösen Inhalts durchweg besser erhalten

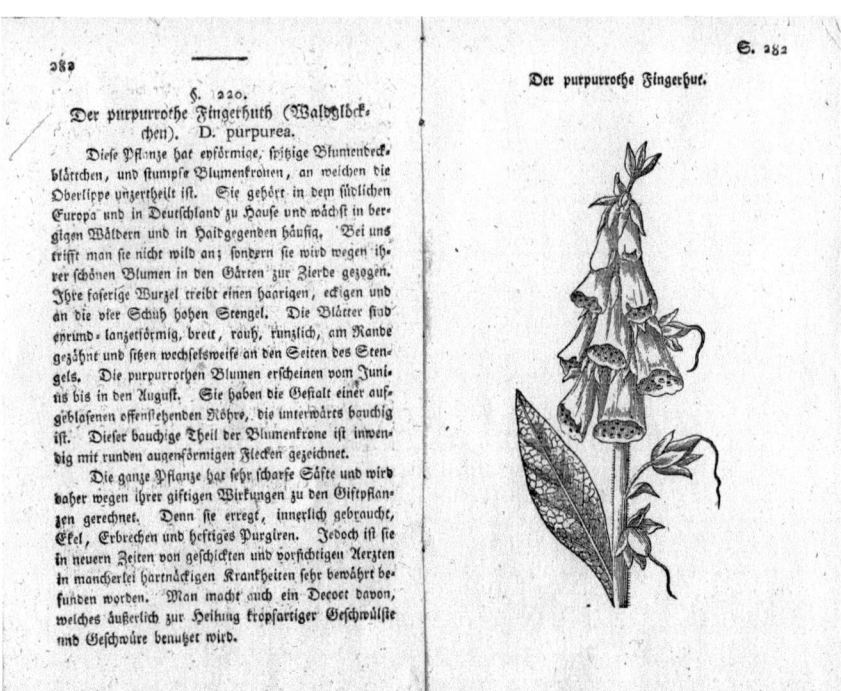

Joh. H. Helmuth, Gemeinnützige Naturkunde, Leipzig 1808, Band 8, S. 281/82, Münsterdorfer Lehrerbibliothek Nr. 16.

sind als die Nachschlagewerke zu den Realien, die praktischen Unterrichtsanweisungen und die Kleinschriften zu aktuellen Themen, so zur Leselernmethode nach den Eckernförder Tabellen oder den Plänen zur wechselseitigen Schuleinrichtung, einer neuen Organisation der Arbeit in der weniggliederten Landschule.

Bis zum Beginn der preußischen Herrschaft kamen die Bücher aus unterschiedlichen Verlagen, viele aus Altona, aber aus auch Hamburg, Berlin, Stuttgart und Leipzig. Oft sind die Einbände der kleinen Bändchen schön mit farbigem Papier überzogen und mit festem Rücken, teilweise aus Leder versehen. In preußischer Zeit wurden die Bücher überwiegend in Langensalza verlegt, alle auf die gleiche Art einheitlich in eine schwarze Folie eingebunden.

— 4 —

8.

Samuel, Peter und Gottfried besuchten mit ihrem Vater einen Anverwandten, der eine sehr schöne Landstelle bewohnte. Sie waren alle drei recht fleißig und artig gewesen, und deswegen machte der Vater ihnen diese Freude. Nachdem sie den Tag sehr vergnügt zugebracht hatten, gab ihnen ihre freundliche Wirthin noch eine Menge schöner Katharinenpflaumen für sich, ihre Mutter und ihre beiden Schwestern mit auf den Weg. Samuel brachte 44 Pflaumen nach Hause, Peter noch halb mal mehr, als S., und Gottfried halb so viel, als P. und noch 12 mehr. Die Mutter nahm von diesen Pflaumen 30 und jede der beiden Schwestern bekam 40. Die übrigen theilten die drei Brüder unter sich. Wie viel erhielt Jeder?

9.

Ein Vater hatte drei Kinder, Philipp, Wilhelm und Amalie. Philipp war 18 Jahr alt. Wilhelm war 4 Jahr älter, als seine Schwester A., und das Alter dieser beiden betrug zusammengenommen gerade so viel Jahre, als Philipp alt war. Als einmal des Vaters Geburtstag gefeiert wurde, fragte ihn W., wie alt er denn jetzt wäre. Das sollst du gleich erfahren, wenn du ein wenig rechnen kannst, antwortete der Vater. Wenn ich so viel Jahre länger gelebt hätte, als du alt bist, so würde ich jetzt gerade fünfmal so alt seyn, als der Unterschied zwischen dem Alter deiner Schwester und deines Bruders beträgt. — Wie alt war also der Vater?

H. H. Arendt, Übungen im Kopfrechnen für Kinder, Altona 1815, S. 4. Münster-
dorfer Kirchenbibliothek Nr. 50.

Die vorhandenen Bücher sind fast alle in einem gebrauchsfähigen Zustand. Manche Buchrücken hatten sich gelöst, einzelne Seiten waren lose, die Lederrücken brüchig. Die ältesten Exemplare mussten professionell vom Schimmelbefall befreit werden, und einige erfuhren eine Reparatur vom Fachmann.

Der Bestand ist heute in der Grundschule Münsterdorf untergebracht.

Blick in die Schulstube

Der Unterricht an den Landschulen ließ zu Beginn des 19. Jahrhunderts viel zu wünschen übrig. Die Gemeinden waren arm, die Einwohner konnten oft das Schulgeld für die Kinder nicht bezahlen und brauchten auch, vor allem im Sommer, die älteren Kinder als Hilfskräfte in der Landwirtschaft. Die Lehrer wurden schlecht bezahlt und mussten sich um Zusatzverdienst bemühen und ihre tägliche Nahrung mit eigener Viehhaltung und dem Ertrag eines großen Gartens sicherstellen. Die meisten waren als Schulhelfer von ihren Lehrern angelernt worden und hatten keine gründliche Ausbildung erhalten. Auch eine Fortbildung fand kaum statt. Die Schulaufsicht übte der örtliche Pastor aus, der natürlich besonderen Wert auf das Fach Religion legte.

Dr. Adler in Kiel entwarf 1804 eine vorbildliche Schulordnung, aber es sollte teilweise lange dauern, bis die neuen Bestimmungen umgesetzt waren.

Es soll hier Friedrich Paulsen (1846–1912) als ein Zeitzeuge zitiert werden, der in seinen Jugenderinnerungen ein anschauliches Bild von seinem Dorfschulunterricht in Langenhorn gibt.

„Meine erste Schule ist mir noch ganz gegenwärtig. In einem großen Raum war die ganze Schülerzahl beisammen ... Die Einteilung der Gesamtheit war durch einen breiten Gang markiert, der den Raum halbierte. In der Oberklasse saßen wohl etwa 40–50 Knaben und Mädchen, in der Unterklasse mochten es 60–80 sein. So im Winter, im Sommer schmolz die Zahl auf die Hälfte zusammen. Der Unterricht geschah in der Weise, dass der Lehrer sich bald der einen, bald der anderen Klasse widmete, meist natürlich der Oberklasse; währenddessen beschäftigte sich die andere Klasse still für sich, die Oberklasse mit Rechnen oder Schreiben, die Unterklasse vor allem mit dem Lesenlernen. Das

Lesenlernen war damals noch eine ungemein schwierige Kunst, deren Erlernung in der Schule nach der alten Methode jahrelang in Anspruch nahm und von manchem, bei unregelmäßigem Schulbesuch war es fast die Regel, nie zu einiger Sicherheit gebracht wurde ... Hatte sich einer in zwei oder drei Jahren durch die Tabellen durchgearbeitet, dann kam er in den Katechismus, zuerst den kleinen, hierauf den großen, um nun endlich die Frucht der Lesekunst zu genießen, das Auswendiglernen. Ich konnte schon lesen, als ich zur Schule kam (Anm. 1851 mit 5 Jahren) und so fiel mir bald die Rolle des Untergehilfen zu ... Ein Schultag begann und endete mit Gebet und Gesang. Gesungen wurde stehend, oft bis zur Erschöpfung in unbequemer Stellung (man stand mit gebeugten Knien, eingeklemmt zwischen Tisch und Bank).

Dann folgte der Religionsunterricht. Ich sehe noch den Lehrer den breiten Gang entlang humpeln und mit dröhniger Stimme die Formeln vorsagen und wieder einfordern, in denen Sünde und Buße, Gnade und Erlösung, ewige Seligkeit und Verdammnis definiert wurden.

Am Nachmittag folgte die Aufsagestunde, jeder kam dran und an jeden kam auch, bald öfter, bald seltener, die Strafexekution. Das Tau, ein dickes Schiffstauende kam bis zum Schluss der Stunde nicht zur Ruhe."[4] Vormittags fanden von 8 Uhr bis 11 Uhr drei Unterrichtsstunden mit nur einer kurzen Pause statt, Religion, Deutsch und Rechnen. Die Mittagspause verbrachten die Kinder im Elternhaus. Nachmittags gab es wieder drei Stunden, Realien, Schreiben, Singen und Aufsagen.

Es wurden in allen Fächern vorwiegend Merksätze, Fakten und Antworten auf immer wieder gestellte Fragen auswendig gelernt, ohne dass eine Einordnung in Zusammenhänge geschah. Paulsen berichtet, dass alle Kinder die 96 Städte des dänischen Königsreiches auswendig hersagen konnten. Damit beeindruckten die Kinder und der Lehrer die Gemeinde bei der jährlichen öffentlichen Schulprüfung.

Dr. Adler in Kiel entwarf 1804 eine neue vorbildliche Schulordnung, die auch in den Gemeinden allmählich umgesetzt wurde. Aber Reformen im Bildungsbereich brauchen bis heute Geduld und einen langen Atem.

---

4 Paulsen: a.a.0. S. 82/83.

Die Entwicklung in Münsterdorf

Die Kirchengemeinde Münsterdorf zeigte sich gleich aufgeschlossen und setzte ein entsprechendes Schulregulativ in Kraft. Hier bestimmte nicht nur der Pastor über den Schulbetrieb, sondern auch der Patron der Kirche, der Graf zu Rantzau, nahm von je her Einfluss. Für die eigenen Kinder war ein Hauslehrer angestellt, aber es war ihm wichtig, dass die Kinder seiner Untertanen einen guten Unterricht erhielten, da sie ja später in seine Dienste treten sollten. Wohl wissend, dass die Umsetzung der Reform einen ausgebildeten Lehrer braucht, schickte „Graf Rantzau seinen Kammerdiener Johannes Matthias Schlesinger zur Ausbildung auf ein Schweizer Institut in Yverdun, das von dem großen Erzieher und Menschenfreund Johann Heinrich Pestalozzi geschaffen war. Als der Lehrer Johann Vollmer 1806 dienstunfähig wurde, übertrug Graf Conrad zu Rantzau Schlesinger die Vertretung. Dieser heiratete die Tochter Vollmers und erhielt nach dessen Tode 1813 die Bestallung als Organist, Küster und Lehrer in Münsterdorf. Der Patron und die Gemeinde schätzten den Pädagogen sehr."[5] Schlesinger übte sein Amt bis 1844 aus. Sein Nachfolger war Friedrich August Christian Schwentßer von 1844 bis 1873. Auch er hatte eine Seminarausbilduung. Nach einigen Jahren des Wechsels wurde 1882 Adolf Wulf zum Schulleiter ernannt, der dieses Amt bis 1922 inne hatte. In seiner Dienstzeit wurde das neue Schulgebäude gebaut. Diese langen Amtszeiten gut ausgebildeter Lehrer haben sicher für eine stabile Kontinuität gesorgt und sind auch ein Zeichen dafür, dass die Schulleiter mit ihren Arbeits- und Lebensbedingungen in Münsterdorf zufrieden waren trotz der sicher nicht komfortablen Wohn- und Arbeitsumstände in der alten Schule. Dazu trug wohl auch die Schullehrerbibliothek im Pfarrhaus bei. Es finden sich dort viele hilfreiche praxisbezogene Anleitungen zum Umgang mit den Kindern und genaue Beschreibungen der Unterrichtsgestaltung in den einzelnen Fächern. Auch detaillierte Lehrpläne für den Unterricht in der weniggliederten Landschule mit umfangreichen Literaturhinweisen erleichterten die Arbeit. Ein weiterer Fortschritt war es, dass es vermehrt Lesebücher und andere Lehrbücher für die Hand der Kinder gab und eine bessere Lesemethode sich durchsetzte. Auch An-

5 *Krohn: a.a.0., S. 153.*

schauungsbilder zu den Themen der Realien und Landkarten gehörten nach und nach zum Inventar der Schule. Die Unterrichtszeiten wurden durch längere Pausen kinderfreundlicher und die Sommerbeurlaubung wurde trotz erheblichen Widerstandes zur Ausnahme, so dass eine Kontinuität in der Erarbeitung des Unterrichtsstoffes gewährleistet war. Die strenge Disziplin und das lange Stillsitzen und auch die Körperstrafen waren jedoch noch lange Teil des Schultages.

Beispiele aus dem Bestand der Schullehrerbibliothek

Welche Anforderungen an einen guten Lehrer gestellt wurden geht aus einem Buch der Schullehrerbibliothek mit dem Titel: „Grundsätze der Schulerziehung, der Schulkunde und Unterrichtswissenschaft für Schulaufseher, Lehrer und Lehrerbildungsanstalten" von Dr. C.C.G. Zerrenner hervor:

„An den, der ein wahrhaft guter Lehrer sein und werden will, müssen mancherlei nicht unbedeutende Forderungen gemacht werden, es erfordert der Beruf des Lehrers Vieles, was nicht immer von denen, die sich ihm widmen, und die Schulämter besetzen, gehörig bedacht wird. Ein Lehrer, von dem man eine wahrhaft christliche und segensreiche Amtsführung erwarten soll, muss

1. einen gesunden Körper und gesunde Sinne haben. Auch auffallende körperliche Gebrechen und ein schlechtes Sprachorgan, wenn sie den Lehrer auch nicht geradehin zum Unterrichte unfähig machen, hindern seine Wirksamkeit, und auch der Mangel an äußerer Sittenbildung wird in vielfacher Hinsicht Nachteil bringen.
2. Er muß Gewandtheit des Geistes, ein gutes Gedächtnis eine lebendige und geregelte Einbildungskraft, eine gebildete und schnelle Urteilskraft, ein schnelles Fassungsvermögen, überhaupt gute Anlagen und eine gute Geistesbildung besitzen.
3. Wenn gleich das Maß der Kenntnisse und Geschicklichkeiten, die der Lehrer haben muß, nach den verschiedenen Arten der Schulen sehr verschieden ist, so muß er doch nicht nur vollkommen wissen und verstehen und können, was er seine Schüler lehren soll, son-

dern im Wissen und Können so viel höher stehen, als dies zum Geschäfte des Unterrichts und zur Erlangung der Achtung nötig ist, deren er zur wirksamen Führung seines Amtes bedarf.

4. Er muß die Regeln der Erziehungs- und Unterrichtskunst und der Schuldisziplin im Allgemeinen und für alle Lehrfächer seiner Schule vollkommen inne haben und es in der Geschicklichkeit, sie anzuwenden, möglichst zur Meisterschaft bringen.

5. Er muß einen kindlichen Sinn und Liebe zu den Kindern, Sanftmut und Geduld, Freundlichkeit und Ernst, wahre Lehrerwürde und wahre Demut besitzen.

6. Er muß seinen Beruf mit Liebe umfassen und für die hohen Zwecke erwärmt und begeistert sein.

7. Er muß frei sein von Weltlust und wilder Sinnlichkeit und Sinn für stille Häuslichkeit und reinere Freuden haben.

8. Er muß einen wahren lebendigen frommen Christenglauben haben, muß wahrhaft religiös, von innerer Liebe zu dem Herrn und von der Überzeugung durchglüht sein, daß in keinem Anderen heil ist als in Christo Jesu allein. Wer sich dem Schullehrerberufe widmet, prüfe sich nach diesen Forderungen und bedenke die schwere Verantwortlichkeit, die dieser Beruf mit sich führt! Wehe dem, der in diesem Berufe nicht leistet was er leisten soll, der wohl gar ein Fluch in dem Kreise wird, in welchem er Segen zu verbreiten berufen ist.[6]

Zwei kurze weitere Texte sollen noch abschließend einen Einblick in die Schullehrerbibliothek geben. Sie stammen aus einem Büchlein von L. Kellner mit dem Titel: „Pädagogik der Volksschule in Aphorismen" aus dem Jahre 1851.

Der erste Text enthält Gedanken über die Körperstrafen in der Volksschule.

Der zweite Text beschäftigt sich mit dem auch heute wieder aktuellen Thema der Verwöhnung der Kinder im Elternhaus.[7]

---

6 *Zerrenner: a.a.0., S. 19/20.*
7 *Kellner: a.a.0. S. 5.*

Körperliche Strafen

Es ist viel darüber gestritten worden, ob die Rute in der Schulstube zu entbehren sei, und man hat ganze Abhandlungen geschrieben, um ihre Notwendigkeit zu beweisen. Die richtige Antwort ist jedoch meines Erachtens alsbald gefunden, wenn wir nicht bei unserer Erwägung nach einer Entscheidung hinsteuern, welche wir uns schon vorweg als die wahre und wünschenswerte zum Ziele gesetzt haben.

Ich möchte statt allen Streitens jeden Lehrer fragen, ob er nicht *die* Schule für die beste halte, in welcher körperliche Züchtigungen selten oder gar nicht vorkommen, und ob er es wünsche, daß man ihm bei seinen körperlichen Strafen zuschaue oder daß ihn ein Revisor dabei überrasche. Ich möchte fragen, ob der Lehrer an Tagen, wo er die Rute vielfach gebraucht hat, seine Schule mit wahrer Herzensfreude schließen kann, und ob es ihm nicht innerlich viel wohler ist, wenn er sagen darf: Heute habe ich kein Kind mit Schlägen gezüchtigt. – Gibt es einen jämmerlichen Schluß als den: Weil die Kinder zu Hause von ihren Eltern geprügelt werden, so müssen sie auch in der Schule die Gewalt des Stockes empfinden! – Auch in diesem Stücke macht der Glaube selig und tut Wunder. Hat der Lehrer den festen Glauben, daß es möglich sei, auch ohne den Stock zu unterrichten und zu erziehen, so wird die Erfüllung diesem Glauben entsprechen; hat er aber diesen Glauben nicht, so wird auch seine Schule fort und fort vom Wehgeschrei mißhandelter Kinder widerhallen.

So weit sind doch die meisten gekommen, daß sie in der Religionsstunde den Stock ruhen lassen. Ich aber denke, daß wir jede Stunde als Religionsstunde betrachten und so benutzen sollen, daß sie uns mit Gott verbinde.[8]

Strenge in der Erziehung ist heilsam

Wer sich in Familien, namentlich in den höheren Kreisen, umschaut, der kann kaum in Abrede stellen, daß viele Eltern mit ihren Kleinen förmlich Abgötterei treiben und in den Kindern sich selbst anbeten. Deshalb eben gibt es so viele herzlose, eigensüchtige, ungenügsame Menschen,

8 *Kellner: a.a.O. S. 5.*

deren maßlose Wünsche doch ohne Tatkraft sind, und die von anderen hoffen, was selbst zu verdienen ihre sittlich Schwäche unmöglich macht. Durch nichts sorgen Eltern, und wären sie ein Fürstenpaar, schlechter für die Zukunft ihrer Kinder, als durch solch abgöttische Liebe, welche nur die Jugend in verweichlichende Eiderdaunen bettet, um dem späteren Alter ein Strohlager zu bereiten. Denn nimmermehr wird es das Leben diesen Eltern gleichtun; es wird vielmehr mit harter Hand auch den Weichling fassen und ihm nichts ohne Ringen und Streben gewähren.[9]

Schlussbemerkung

Die einzelnen Bücher der Münsterdorfer Schulbibliothek haben keinen besonderen Wert und wären weder als ganzes noch einzeln verkäuflich. Sie sind aber ein Stück Kulturgeschichte, ein Blick in die Landschule des 19. Jahrhunderts. Dabei sind etliche Inhalte entweder vom Thema oder von der Art der Darstellung in einer teilweise arg pathetischen Sprache uns heute fremd. Da es aber oft um Menschen geht, um Lehrer, Eltern und Schüler, und sich die Probleme ähneln, kann man überraschend Aktuelles, Erheiterndes und Kurioses finden.

Quellen und Zitate

Nicoline Still: Das Magensche Legat in Steinburger Jahrbuch 1964.
Ernst Krohn: Münsterdorfer Chronik. Münsterdorf 1966.
Friedrich Seestern Pauli: Actenmäßiger Bericht über die im Herzogthume Holstein vorhandenen milden Stiftungen Schleswig 1831.
F.M. Rendtorf: Die schleswig-holsteinischen Schulordnungen Kiel 1902, Schullehrerbibliothek Münsterdorf A8.
Friedrich Paulsen: Aus meinem Leben. Jena 1909, Schullehrerbibliothek Münsterdorf Nr. 391.
Meyers Konversationslexikon Bd13 von 1897.
Dr. C.C.G. Zerrenner: Grundsätze der Schulerziehung, der Schulkunde und der Unterrichtswissenschaft für Schulaufseher, Lehrer und Lehrerbildungsanstalten Magdeburg 1833, 2. Aufl. Schullehrerbibliothek Münsterdorf Nr. 115.
L.Kellner: Die Pädagogik der Volksschule in Aphorismen, Essen, 2. Auflage 1851, Schullehrerbibliothek Münsterdorf Nr. 208.
L. Kellner: a.a.0. S. 31.

Anmerkung

*Johannes Heinrich Pestalozzi (geb. 12.1.1746 in Zürich, gest 17.2.1817 in Brugg) war
der erste Reformer des Schulwesens. Er leitete von ca. 1806 bis 1815 in Yverdon
(Iferten) Schweiz, eine Erziehungsanstalt für Kinder aller Schichten, zugleich
Anstalt für Lehrerbildung. Diese war in Europa bald berühmt und lockte Studenten aus vielen Ländern an (Meyers Lexikon, Bd. 13, S. 723).*

Verzeichnis der zur Münsterdorfer Schullehrerbibliothek gehörigen Bücher

(Die Nummern entsprechen dem Verzeichnis von 1881)

*001: Johann Matthias Schröckh: Allgemeine Weltgeschichte für Kinder. Erster Teil,
Alte Geschichte Leipzig 1786*

*002: Johann Matthias Schröckh: Allgemeine Weltgeschichte für Kinder. Zweiter Teil:
Anfang neuer Geschichte Leipzig 1788*

*003: Johann Matthias Schröckh: Allgemeine Weltgeschichte für Kinder. Dritter Teil,
Geschichte der Deutschen Leipzig 1781*

*004: Johann Matthias Schröckh: Allgemeine Weltgeschichte für Kinder. Vierter Teil,1,
Fortsetzung neuer Geschichte Leipzig 1782*

*005: Johann Matthias Schröckh: Allgemeine Weltgeschichte für Kinder. Vierter Teil, 2,
Fortsetzung neuer Geschichte Leipzig 1783*

*006: Johann Matthias Schröckh: Allgemeine Weltgeschichte für Kinder. Fünfter Teil,
Beschluss neuer Geschichte Leipzig 1784*

*007: G.G. Bredow: Umständliche Erzählung der merkwürdigen Begebenheiten aus
der allgemeinen Weltgeschichte Altona 1814*

*008: Franz Adolph Schroedter: Die allgemeine Weltgeschichte nach ihrem gemein-
nützlichen Inhalte als brauchbares Lehrbuch für Landschullehrer bearbeitet.
Altona 1799*

*009: Johann Heinrich Helmuths gemeinnützige Naturgeschichte des In- und Auslan-
des, erster Band Beschreibung der Säugethiere (in 9 Bänden) Leipzig 1808*

*010: Johann Heinrich Helmuths gemeinnützige Naturgeschichte des In- und Auslan-
des, Zweyter Band: Beschreibung der Vögel Leipzig 1808*

*011: Johann Heinrich Helmuths gemeinnützige Naturgeschichte des In- und Auslan-
des, Dritter Band: Beschreibung der Fische Leipzig 1808*

*012: Johann Heinrich Helmuths gemeinnützige Naturgeschichte des In- und Auslan-
des, Vierter Band: Beschreibung der Amphibien Leipzig 1808*

013: Johann Heinrich Helmuths gemeinnützige Naturgeschichte des In- und Auslandes, Fünfter Band: Beschreibung der Insekten, Leipzig 1808

014: Johann Heinrich Helmuths gemeinnützige Naturgeschichte des In- und Auslandes, Sechster Band: Beschreibung der Würmer, Leipzig 1808

015: Johann Heinrich Helmuths gemeinnützige Naturgeschichte des In- und Auslandes, Siebenter Band: Pflanzen 1, Leipzig 1808

016: Johann Heinrich Helmuths gemeinnützige Naturgeschichte des In- und Auslandes, Achter Band: Pflanzen 2, Leipzig 1808

017: Johann Heinrich Helmuths gemeinnützige Naturgeschichte des In- und Auslandes, Neunter Band: Das Mineralienreich, Leipzig 1808

018: o.Verf.Ang.: Vollständiges Giftbuch zu Schulgebrauch, Sondershausen 1817

019: o.Verf.Ang.: Frauenzimmerlexikon, Teil 1 (A–E), Leipzig 1796

020: o.Verf.Ang.: Frauenzimmerlexikon, Teil 2 (F–L), Leipzig 1796

021: o.Verf.Ang.: Frauenzimmerlexikon, Teil 3 (M–Q), Leipzig 1798

022: o.Verf.Ang.: Frauenzimmerlexikon, Teil 4 (R), Leipzig 1800

023: o.Verf.Ang.: Frauenzimmerlexikon, Teil 5 (S), Leipzig 1806

024: o.Verf.Ang.: Frauenzimmerlexikon, Teil 6 (S–Z), Leipzig 1808

025: Carl Friedrich Splittegarb: Deutsche Sprachlehre für Anfänger, mit Aufgaben, Halle/Berlin 1806

026: F.H.E.Schwarz: Lehrbuch der Pädagogik und Didaktik, Heidelberg/Frankfurt 1805

027: -- (seit 1881)

028: o.Verf.Ang.: Die Kunst mit Kindern umzugehen, Erfurt 1806

029: Gottlieb Lange: Biblische Geschichten, Leipzig 1816

030: M.Johann Christian Dolz: Denksprüche nach den Hauptwahrheiten der Pflichten und Religionslehre, Altona 1809

031: L.Nissen: Materialien zur katechetischen Behandlung des Landeskatechismus, (5 Bände) 1. Bändchen, Schleswig 1821

032: L.Nissen: Materialien zur katechetischen Behandlung des Landeskatechismus, (5 Bände) 2. Bändchen, Schleswig 1822

033: L.Nissen: Materialien zur katechetischen Behandlung des Landeskatechismus, (5 Bände) 3. Bändchen, Schleswig 1823

034a: L.Nissen: Materialien zur katechetischen Behandlung des Landeskatechismus, (5 Bände) 4. Bändchen, Schleswig 1825

034b: L.Nissen: Materialien zur katechetischen Behandlung des Landeskatechismus, (5 Bände) 5. Bändchen, Schleswig 1826

035: *Johann Gottlieb Schummel: Kleine Welt-Statistik, Berlin 1805*

036: *J.A.C. Löhr: Länder und Völker der Erde, 4 Bände. 1. Band: Europa, Leipzig 1818*

037: *J.A.C. Löhr: Länder und Völker der Erde, 4 Bände. 2. Band: Asien, Leipzig 1818*

038: *J.A.C. Löhr: Länder und Völker der Erde, 4 Bände. 3. Band: Afrika, Leipzig 1819*

039: *J.A.C. Löhr: Länder und Völker der Erde, 4 Bände. 4. Band: Amerika, Australien, Leipzig 1819*

040: *--*

041: *Friedrich August Junker: Handbuch der gemeinnützigen Kenntnisse für Volksschulen, (3 Bände) Erster Teil, Halle 1813*

042: *Friedrich August Junker: Handbuch der gemeinnützigen Kenntnisse für Volksschulen, (3 Bände), Halle 1812*

043: *Friedrich August Junker: Handbuch der gemeinnützigen Kenntnisse für Volksschulen, (3 Bände), Halle 1806*

044: *Dr. D.J.W. Olshausen: Leitfaden zum ersten Unterrichte in Geographie in Gelehrten Schulen und zum Gebrauch in Bürgerschulen, Altona 1812*

045: *--*

046: *--*

047: *o.Verf.Ang.: Über die Taufe des Königs Harald Klacks und den Anfang der Predigt des Christentums durch Anscharius, Schleswig 1826*

048: *-- (Laut Verz. Zweitexemplar von Nr.47)*

Q49: *o.Verf.Ang.: Kurze Übersicht der Geschichte der neueren Missionsanstalten und ihrer Wirksamkeit, Schleswig 1825*

050: *H.H.W. Arendt: Übungen zum Kopfrechnen, Altona 1815*

051: *H.H.W. Arendt: Übungen im Kopfrechnen für Kinder, Altona 1806*

052: *o.Verf.Ang.: Schullehrer-Bibel des Neuen Testaments Erster Teil (4 Bände), Neustadt und Ziegenrück 1824*

053: *o.Verf.Ang.: Schullehrer-Bibel des Neuen Testaments Erster Teil (4 Bände) Zweiter Teil, Neustadt und Ziegenrück 1824*

054: *o.Verf.Ang.: Schullehrer-Bibel des Neuen Testaments Erster Teil (4 Bände) Dritter Teil, Neustadt und Ziegenrück 1825*

055: *o.Verf.Ang.: Schullehrer-Bibel des Neuen Testaments Erster Teil (4 Bände) Vierter Teil, Neustadt und Ziegenrück 1825*

056: H. Diekmann: Briefe darstellend die wechselseitige Schuleinrichtung nach ihrem Bestehen in der Normalschule zu Eckernförde, Altona 1826

057: A.F.v. Krohn: Pädagogische Bemerkungen mit besonderer Beziehung auf das Wesen und den Werth der wechselseitigen Schuleinrichtung, Schleswig 1825

058: P.J. Rönnenkamp: Zwei Reden gehalten zur Empfehlung der wechselseitigen Schuleinrichtung, Altona 1828

059: J.H. Kardel: Mitgabe an die ins bürgerliche Leben eintretende Jugend, Plön 1829

060: Johann Heinrich Bernhard Dräseke: Glaube, Liebe, Hoffnung, Lüneburg 1824

061: J.E.Möller: Materialien zu unmittelbaren Verstandesübungen, Hamburg 1805

062: J.E.Möller: Materialien für Vernunftübungen, Hamburg 1812

063: H. Schlüter: Versuch einer Darstellung der wechselseitigen Schuleinrichtung, Schleswig 1829

064: --

065: --

066: August Friedrich Holst: Denkwürdigkeiten aus der Geschichte der Augsburgischen Confession, Eisenberg 1829

067: Karl Friedrich Meyer: Das Augsburgische Glaubensbekenntnis, Hannover 1830

068: G.Niemann: Belehrung über die Bedeutsamkeit und Wichtigkeit des evangelisch-protestantischen Confessionsfestes, Altona 1830

069: o.Verf.Ang.: Andenken an die Übergabe der Augsb. Konf. .o.0.A 1830

070: o.Verf.Ang.: Die Augsburger Konfession, Schleswig 1830

071: F.P. Wilhelmsen: Die ersten Verstandes und Gedächtnisübungen, Berlin 1823

072: Christian Wilhelm Ritter: Versuch einer Beschreibung der wildwachsenden Pflanzen (Schleswig-Holstein), Tondern 1816

073: Christian Wilhelm Ritter: Anhang zu ersuch einer Beschreibung der wildwachsenden Pflanzen (Schleswig-Holstein), Augustenburg 1817

074: o.Verf.Ang.: Fibel zu den Eckernförder Lesetabellen, Altona 1830

075: K.H.Krause: Versuch planmäßiger und naturgemäßer unmittelbarer Denkübungen für Elementarschüler, 1. Kursus, Halle 1826

076: K.H.Krause: Versuch planmäßiger und naturgemäßer unmittelbarer Denkübungen für Elementarschüler, 2. Kursus, Halle 1825

077: K.H.Krause: Versuch planmäßiger und naturgemäßer unmittelbarer Denkübungen für Elementarschüler, 3. Kursus, Halle 1828

078: Johann Staack/Hans Kühl: Versuch einer Volksbelehrung über den Nutzen der wechselseitigen Schuleinrichtung, Altona 1831

079: --

080: Schröder: *Biblischer Tugendspiegel, Itzehoe 1831*

081: C.C.G.Zerrenner: *Über das Wesen und den Werth der wechselseitigen Schuleinrichtung, Magdeburg 1832*

082: Johann Heinrich Helmuth: *Volksnaturlehre zur Dämpfung des Aberglaubens, Braunschweig 1822*

083: Hans Kühl: *Beschreibung der Einrichtung einer gemischten Schule nach der wechselseitigen Schuleinrichtung, Itzehoe 1832*

084: --

085: H.J. Jacobsen: *Allgemeine geographische Handbibliothek Erstes Bändchen, Altona 1829*

086: H.J. Jacobsen: *Allgemeine geographische Handbibliothek Zweiter Teil, Erstes Bändchen, Altona 1829*

087: H.J. Jacobsen: *Allgemeine geographische Handbibliothek Zweiter Teil, Zweites Bändchen, Altona 1829*

088: H.J. Jacobsen: *Allgemeine geographische Handbibliothek Vierter Teil, Erstes Bändchen, Altona 1830*

089: H.J. Jacobsen: *Allgemeine geographische Handbibliothek Dritter Teil, Altona 1829*

090: H.J. Jacobsen: *Allgemeine geographische Handbibliothek Vierter Teil, Zweites Bändchen, Altona 1830*

091: H.J. Jacobsen: *Allgemeine geographische Handbibliothek Fünfter Teil, Erstes Bändchen, Altona 1830*

092: H.J. Jacobsen: *Allgemeine geographische Handbibliothek Sechster Teil, Altona 1830*

093: H.J. Jacobsen: *Allgemeine geographische Handbibliothek Siebenter Teil, Erste Hälfte Altona 1831*

094: H.J. Jacobsen: *Allgemeine geographische Handbibliothek Siebenter Teil, Zweite Hälfte Altona 1831*

095: H.J. Jacobsen: *Allgemeine geographische Handbibliothek Achter Teil, Altona 1831*

096: H.J. Jacobsen: *Allgemeine geographische Handbibliothek Neunter Teil, Altona 1831*

097: H.J. Jacobsen: *Allgemeine geographische Handbibliothek Zehnter Teil, Altona 1832*

098: H.J. Jacobsen: *Allgemeine geographische Handbibliothek Elfter Teil, Altona 1832*

099: *H.J. Jacobsen: Allgemeine geographische Handbibliothek Zwölfter Teil, Erste Hälfte, Altona 1832*

100: *H.J. Jacobsen: Allgemeine geographische Handbibliothek Zwölfter Teil, Zweite Hälfte, Altona 1833*

101: *H.J. Jacobsen: Allgemeine geographische Handbibliothek Dreizehnter Teil, Altona 1833*

102: *H.J. Jacobsen: Allgemeine geographische Handbibliothek Dreizehnter Teil, Zweite Hälfte, Altona 1833*

103: *H.J. Jacobsen: Allgemeine geographische Handbibliothek Vierzehnter Teil, Erste Hälfte, Altona 1833*

104: *H.J. Jacobsen: Allgemeine geographische Handbibliothek Vierzehnter Teil, Zweite Hälfte, Altona 1834*

105: *H.J. Jacobsen: Allgemeine geographische Handbibliothek Fünfzehnter Teil, Altona 1834*

106: *H.J. Jacobsen: Allgemeine geographische Handbibliothek Fünfzehnter Teil, Zweite Hälfte, Altona 1834*

107: *H.J. Jacobsen: Allgemeine geographische Handbibliothek Fünfzehnter Teil, Zweite Hälfte, 2. Abt., Altona 1835*

108: --

109: *C.Carstensen: Handbuch der Katechetik, 1. Band, Altona 1821*

110: *C.Carstensen: Handbuch der Katechetik, Zweiter und letzter Band, Altona 1832*

111: *H. Klindt: Materialien für den Sprachunterricht, Hamburg 1836*

112: *H.J. Jacabsen: Allgemeine geographische Handbibliothek Außereuropa, Erster Teil, Altona 1833*

113: *H.J. Jacabsen: Allgemeine geographische Handbibliothek Außereuropa, Zweiter Teil, Hamburg und Itzehoe 1833*

114: *H.J. Jacabsen: Allgemeine geographische Handbibliothek Außereuropa, Dritter Teil Hamburg und Itzehoe 1834*

115: *Dr. C.c.G. Zerrenner: Grundsätze der Schul-Erziehung, der Schulkunde und Unterrichtswissenschaft, Magdeburg 1832*

116: *A.H. Burchardi: Leitfaden zum Unterricht in der Deutschen Sprache, Orthographie und Interpunktion, Hamburg u. Itzehoe o.J.*

117: *G.Chr. Apel: Vollständiges Choral-Melodienbuch zu dem Schleswig-Holsteinischen Gesangbuche, Kiel o.J.*

118: *H. Diekmann: Die Seelenlehre in katechetischer Gedankenfolge als Gegenstand der Verstandesübung, Altona 1829*

119: H. Diekmann: *Die Naturlehre in katechetischer Gedankenfolge, Altona 1825*

120: H. Hinrichsen: *Katechetischer Elementarunterricht in der deutschen Sprachlehre, Altona 1814*

121: H.H.W. Arendt: *Anleitung zum Kopfrechnen, Altona 1819*

122: Franz Adolph Schrödter: *Ausführliche sokratische Katechisationen über Luthers Katechismus, Erster Teil, Altona 1813*

123: Franz Adolph Schrödter: *Ausführliche sokratische Katechisationen über Luthers Katechismus, Zweiter Teil, Altona 1813*

124: Franz Adolph Schrödter: *Anleitung zu einem sokratisch-katechetischen Unterricht, Altona 1806*

125: Jacob Bendixen: *Bibellektionen in katechetischer Form, Altona 1831*

126: B.G. Denzel: *Einleitung in die Erziehungs- und Unterrichtslehre für Volksschullehrer, Stuttgart 1825*

127: B.G. Denzel: *Einleitung in die Erziehungs- und Unterrichtslehre für Volksschullehrer Zweiter Teil, Stuttgart 1826*

127: B.G. Denzel: *Einleitung in die Erziehungs- und Unterrichtslehre für Volksschullehrer Dritter Teil, Stuttgart 1828*

128: B.G. Denzel: *Einleitung in die Erziehungs- und Unterrichtslehre für Volksschullehrer Dritter Teil, Zweite Abteilung, Stuttgart 1833*

130: B.G. Denzel: *Einleitung in die Erziehungs- und Unterrichtslehre für Volksschullehrer Dritter Teil, Dritte Abteilung, Stuttgart 1836*

131: B.G. Denzel: *Einleitung in die Erziehungs- und Unterrichtslehre für Volksschullehrer Dritter Teil, Vierte Abteilung, Stuttgart 1835*

132: Johann Wilhelm Loebell: *Karl Friedrich Beckers (Herausgb.) Weltgeschichte (14 Bde) Erster Teil, Berlin 1836*

133: Johann Wilhelm Loebell: *Karl Friedrich Beckers (Herausgb.) Weltgeschichte (14 Bde) Zweiter Teil, Berlin 1836*

134: Johann Wilhelm Loebell: *Karl Friedrich Beckers (Herausgb.) Weltgeschichte (14 Bde) Dritter Teil, Berlin 1836*

135: Johann Wilhelm Loebell: *Karl Friedrich Beckers (Herausgb.) Weltgeschichte (14 Bde) Vierter Teil, Berlin 1836*

136: Johann Wilhelm Loebell: *Karl Friedrich Beckers (Herausgb.) Weltgeschichte (14 Bde) Fünfter Teil, Berlin 1837*

137: Johann Wilhelm Loebell: *Karl Friedrich Beckers (Herausgb.) Weltgeschichte (14 Bde) Sechster Teil, Berlin 1837*

138: Johann Wilhelm Loebell: Karl Friedrich Beckers (Herausgb.) Weltgeschichte (14 Bde) Siebenter Teil, Berlin 1837

139: Johann Wilhelm Loebell: Karl Friedrich Beckers (Herausgb.) Weltgeschichte (14 Bde) Achter Teil, Berlin 1837

140: Johann Wilhelm Loebell: Karl Friedrich Beckers (Herausgb.) Weltgeschichte (14 Bde) Neunter Teil, Berlin 1837

141: Johann Wilhelm Loebell: Karl Friedrich Beckers (Herausgb.) Weltgeschichte (14 Bde) Zehnter Teil, Berlin 1838

142: Johann Wilhelm Loebell: Karl Friedrich Beckers (Herausgb.) Weltgeschichte (14 Bde) Elfter Teil, Berlin 1838

143: Johann Wilhelm Loebell: Karl Friedrich Beckers (Herausgb.) Weltgeschichte (14 Bde) Zwölfter Teil, Berlin 1838

144: Johann Wilhelm Loebell: Karl Friedrich Beckers (Herausgb.) Weltgeschichte (14 Bde) Dreizehnter Teil, Berlin 1838

145: Johann Wilhelm Loebell: Karl Friedrich Beckers (Herausgb.) Weltgeschichte (14 Bde) Vierzehnter Teil, Berlin 1838

146: o.Verf.Ang: Versuch eines neu umgearbeiteten Landkatechismus Flensburg 1840

147: D.Joh.Christ.Aug.Heinroth: Von den Grundfehlern der Erziehung und ihren Folgen, Leipzig 1828

148: Chr.H. Kalkar: Die Biblische Geschichte, 1.Teil, Kiel 1839

149: Chr.H. Kalkar: Die Biblische Geschichte, 2.Teil, Kiel 1839

150: Dr. C.Chr. Tadey: Schleswig-Holsteinisches Schulblatt, Oldenburg 1841

151: LH.F. Langfeldt/ N.Nissen: Schleswig-Holsteinisches Schulblatt, Oldenburg 1842

152: LH.F. Langfeldt/ N.Nissen: Schleswig-Holsteinisches Schulblatt, Oldenburg 1843

153: I. Nissen: Unterredungen über die Biblischen Geschichten Band 1, Altes Testament, Kiel 1842

154: I. Nissen: Unterredungen über die Biblischen Geschichten Band 2, Neues Testament, Kiel 1843

155: G.A. Lilie: Die Emancipation der Schule von der Kirche, Kiel 1843

156: K.L. Biernatzki (Herausg): Volksbuch für das Jahr 1844, Kiel 1844

157: Dr. Asmussen (Herausg): Schleswig-Holsteinisches Schulblatt, Oldenburg 1844

158: -- (seit 1881)

159: Albrecht Wachler: Kathechetik für Volksschullehrer, Breslau 1843

160: --

161: --

162: Dr. Asmussen (Herausg): Schleswig-Holst.Schulblatt, Oldenburg 1845

163: *K.L. Biernatzki (Herausg): Volksbuch für das Jahr 1845, Kiel 1845*

165: *Dr. Martin Luther: Werke (Auswahl in 5 Bänden) 1.2., Hamburg 1827*

166/167: *Dr. Martin Luther: Werke (Auswahl in 5 Bänden) 3.4., Hamburg 1827*

168/169: *Dr. Martin Luther: Werke (Auswahl in 5 Bänden) 5.6., Hamburg 1827*

170/171: *Dr. Martin Luther: Werke (Auswahl in 5 Bänden) 7.8., Hamburg 1828*

172/173: *Dr. Martin Luther: Werke (Auswahl in 5 Bänden) 9.10., Hamburg 1828*

174: *Dr. Chr.Diedrich: Hülfsbuch für den Religionsunterricht Erster Teil, Die christliche Glaubenslehre, Halle 1841*

175: *Dr. Chr.Diedrich: Hülfsbuch für den Religionsunterricht Zweiter Teil, Die christliche Sittenlehre, Halle 1842*

176: *Dr. Johann Andreas Detzer: Evangelisches Concordienbuch, Nürnberg 1843*

177: *Christian Palmer: Evangelische Katechetik, Stuttgart 1844*

178: *K. Kalcher: Der Geist und Gebrauch des Kathechismus Luthers, Berlin 1843*

179: *K. Kalcher: Die Behandlung der biblischen Geschichte, Berlin 1844*

180: *Dr. Wilhelm Harnisch: Handbuch für das deutsche Volksschulwesen, Breslau 1839*

181: *Heinrich Burgwardt: Der Bildungsfreund, Altona 1843*

182: *Asmussen (Herausg) : Schleswig-Holsteinisches Schulblatt, Achter Jahrgang Oldenburg 1846*

183: *Asmussen (Herausg) : Schleswig-Holsteinisches Schulblatt, Neunter Jahrgang, Oldenburg 1847*

184: --

185: --

186: *Asmussen (Herausg) : Schleswig-Holsteinisches Schulblatt, Zehnter Jahrgang, Oldenburg 1848*

187: -- *(seit 1881)*

188: *Friedrich Luger: Heinrich Pestalozzi Beitrag zur Feier seines Andenkens, Hamburg 1846*

189: *Asmussen (Herausg): Schulblatt, Elfter Jahrgang, Hamburg 1849*

190: *Karl Biernatzki: Volksbuch auf das Jahr 1849, Altona 1849*

191: *Eduard Emil Koch: Geschichte des Kirchenliedes und Kirchengesanges Erster Teil., Stuttgart 1847*

192: *Eduard Emil Koch: Geschichte des Kirchenliedes und Kirchengesanges Zweiter Teil, Stuttgart 1847*

193: --

194: *Andreas Bräm: Beschreibung des heiligen Landes, Meurs 1838*

195: Dr. F.A.Krummacher: Die christliche Volksschule im Bunde mit der Kirche, Essen 1823

196: Asmussen (Herausg): Schulblatt, Zwölfter Jahrgang, Oldenburg 1850

197: --

198: Calwer Verlagsverein: Handbuch der Bibelerklärung Erster Band, Altes Testament, Calw/Stuttgart 1849

199: Calwer Verlagsverein: Handbuch der Bibelerklärung Zweiter Band, Neues Testament, Calw/Stuttgart 1850

200: – (Seit 1881)

201: --

202: H.Langenfeldt (Herausg): Schulblatt, Dreizehnter Jg., Oldenbg 1851

2O3: I.G.Fischer: I.H. Hellmuths Volks-Naturlehre, Braunschweig 1846

204: –

205: Dr. Friedrich Wilhelm Schütze: Schullehrerbibel des Neuen Testamentes Erster Teil, Evangelium Matthäi, Leipzig 1846

206: Dr. Friedrich Wilhelm Schütze: Schullehrerbibel des Neuen Testamentes Zweiter Teil, Leipzig 1850

207: –

208: L. Kellner: Die Pädagogik der Volksschule in Aphorismen. Ein Beitrag zur Belebung der Lehrer-Konferenzen und der Berufsliebe Essen 1851 209: H.F. Langenfeldt(Herausg.): Schleswig-Holsteinisches Schulblatt. Vierzehnter Jahrgang, Oldenburg 1852

210: Westermeier: Geschichte der christlichen Kirche. Anfang der christlichen Kirche, Erster Band, Halle 1845

211: Westermeier: Geschichte der christlichen Kirche. Der Kirche Wachstum, Zweiter Band, Halle 1847

212/1: Westermeier: Geschichte der christlichen Kirche. Das Mittelalter, Dritter Band, Halle 1841

212/2: Westermeier: Geschichte der christlichen Kirche. Das Mittelalter 2.Teil Dritter Band, Halle 1843

213/1: Westermeier: Geschichte der christlichen Kirche. Dr. Martin Luthers Leben Vierter Band, Halle 1846

213/2: Westermeier: Geschichte der christlichen Kirche. Huldreich Zwingli, Joh. Calvin, Vierter Band, Halle 1846

214/1: Westermeier: Geschichte der christlichen Kirche. Die evangelische Kirche, 1.Teil Fünfter Band, Halle 1849

214/2: Westermeier: Geschichte der christlichen Kirche. Die evangelische Kirche, 1.Teil Fünfter Band, Halle 1849

214/3: Westermeier: Geschichte der christlichen Kirche. Die evangelische Kirche, 2.Teil Fünfter Band, Halle 1849

214/3: Westermeier: Geschichte der christlichen Kirche. Die evangelische Kirche, 2.Teil Fünfter Band, Halle 1849

215/1: Westermeier: Geschichte der christlichen Kirche. Die evangel. Kirche des Auslands Sechster Band, Halle 1850

215/2: Westermeier: Geschichte der christlichen Kirche. Die evangel. Kirche des Auslands Sechster Band, Halle 1850

216: Westermeier: Geschichte der christlichen Kirche. Die römisch-u.griechisch kath. Kirche Sieb Band,Halle 1851

217: J.Nissen: Unterredungen über den Kleinen Kathechismus Luthers, Kiel 1852

218: H. Langenfeld: Schleswig-Holst. Schulblatt 15. Jg, Oldenburg 1853

219: Christian Palmer: Evangelische Pädagogik, Stuttgart 1853

220: Christian Palmer: Evangelische Pädagogik 2. Abteilung, Stuttgart 1853

221: --

222: -- (seit 1881)

223: A.W.Grube: Geographische Charakterbilder aus der Länder- und Völkerkunde Erster Teil, Leipzig 1855

224: A.W.Grube: Biographien aus der Naturkunde, Stuttgart 1854

225: Albrecht v. Roon: Anfangsgründe der Erd-Völker- und Staatenkunde, Berlin 1853

226: L.Kellner: Materialien für den Unterricht im mündlichen und schriftlichen Gedankenausdrucke, Erfurt 1855

227: -- (seit 1881)

228: H. Langfeldt: Schleswig-Holst. Schulblatt,16.Jg., Oldenburg 1854

229: P.F.Kirchmann (Herausg): Schleswig-Holsteinisches Schulblatt und pädagogische Dorfzeitung, 17. Jg, Oldenburg 1855

230: H. Langfeldt: Schleswig-Holst.Schulblatt, 18.Jg Oldenburg 1856

231: -- (seit 1881)

232: Dr. G.H.v. Schubert: Lehrbuch der Naturgeschichte, Frankfurt 1856

233: ? Deckblatt fehlt: Schleswig-Holst.Schulblatt, Oldenburg 1857

234: --

235: --

236: --

237: F.A. Hoffmann: Glaubenslehre der christl. Kirche, Hamburg 1857

238: W.H. Riehl: Naturgeschichte des Volkes, Erster Band Land und Leute, Stuttgart 1857

239:W.H. Riehl: Naturgeschichte des Volkes, Die bürgerliche Gesellschaft, Zweiter Bd., Stuttgart 1858

240: W.H. Riehl: Naturgeschichte des Volkes, Die Familie, Dritter Band, Stuttgart 1858

241: Langfeldt (Herausg): Schulblatt, 20.Jahrgang, Oldenburg 1858

242: F.N. Lorenzen: Jerusalem, Beschreibung meiner Reise nach dem heiligen Lande im Jahre 1858, Kiel 1859

243: C.A. Staudenmeyer: Die biblischen Frauen und Jungfrauen 2x52 Sonntagsbetrachtungen, Stuttgart 1859

244: Emil Theodor Goltzsch: Einrichtungs- und Lehrplan für Dorfschulen, Berlin 1859

245: Dr.A. Ostertag: Züge aus dem Werk der Bibelverbreitung Erstes Bändchen, Stuttgart 1857

246: H.F. Langfeldt: Schulblatt, 21.Jahrgang, Oldenburg 1859

247 : --

248: J.C. Jessen: Grundzüge zur Geschichte und Kritik des Schul- und Unterrichtswesens, Hamburg 1860

249: J.T. Sahling: Geometrische Constructionsaufgaben, Segeberg 1860

250: Fr. Harder(Herausg.): Schulblatt 22.Jahrgang, Oldenburg 1860

251: Dr. Johannes Crüger: Entwurf einer entwickelnden Katechismuslehre, Erfurt u. Leipzig 1860

252: C.N. Kähler: Die christliche Lehre, Altona 1861

253: Dr. W.J.G. Curtman: Die Schule und das Leben, Friedberg 1847

254: -- (seit 1881)

255: -- (seit 1881)

256: -- (seit 1881)

257: -- (seit 1881)

258: Gustav Freytag: Bilder aus der deutschen Vergangenheit Erster Teil, Leipzig 1863

259: Gustav Freytag: Bilder aus der deutschen Vergangenheit Zweiter Teil, Leipzig 1863

260: Gustav Freytag: Neue Bilder aus dem Leben des deutschen Volkes, Leipzig 1862

261: Dr. Heinrich Dittmar: Die Geschichte der Welt Erster Band, Heidelberg 1860

262: *Dr. Heinrich Dittmar: Die Geschichte der Welt Zweiter Band, Heidelberg 1862*

263: *Dr. Heinrich Dittmar: Die Geschichte der Welt Dritter Band, Heidelberg 1861*

264: *Dr. Heinrich Dittmar: Die Geschichte der Welt Vierter Band, Heidelberg 1861*

265: *Dr. Heinrich Dittmar: Die Geschichte der Welt Fünfter Band,Heidelberg 1862*

266: *Dr. Heinrich Dittmar: Die Geschichte der Welt Sechster Band, Heidelberg 1862*

266b: *Dr. Heinrich Dittmar: Die Geschichte der Welt Namen- und Sachregister,*
Heidelberg 1863

267: *E. Versmann: Das Leben Jesu, Zwölf Vorträge, Itzehoe 1865*

268: *Wilhelm Baur: Geschichts- und Lebensbilder aus der Erneuerung des religiösen*
Lebens in den deutschen Befreiungskriegen 2.Band, Hamburg o.Jg

269: *Wilhelm Baur: Geschichts- und Lebensbilder aus der Erneuerung des religiösen*
Lebens in den deutschen Befreiungskriegen 1.Band, Hamburg o. Jg.

270: *Gustav Freytag: Aus dem Mittelalter, Leipzig 1867*

271: *--*

272: *--*

273: *Chr.Ernst Luthhardt: Apologetische Vorträge über die Grundwahrheiten des*
Christentums,1.Teil, Leipzig 1867

274: *Chr.Ernst Luthhardt: Apologetische Vorträge über die Heilswahrheiten des*
Christentums 2.Teil, Leipzig 1867

275: *Chr.Ernst Luthhardt: Apologetische Vorträge über die Moral des Christentums*
3.Teil, Leipzig 1872

276: *-- (seit 1881)*

277: *C. Kehr: Die Praxis der Volksschule, Gotha 1869*

278: *--*

279: *--*

280: *--*

281: *--*

282: *E. Versmann: Die Zehn Gebote nebst Erklärung, Itzehoe 1870*

283: *Wolfgang Menzel: Die Geschichte des französischen Krieges von 1870–71 Erster*
Band, Stuttgart 1871

284: *Wolfgang Menzel: Die Geschichte des französischen Krieges von 1870–71 Zwei-*
ter Band, Stuttgart 1871

285: *G.C.Th. Kuntze: Das Volksschulwesen der Provinz Schleswig-Holstein, Gesetze,*
Verordnungen, Erlasse, Schleswig 1872

286: *F.R. Paulig: Geschichte des siebenjährigen Krieges 1740–1763, Frankfurt a.O.*
1874

287/288: K. Bormann: Schulkunde für evangelische Volksschullehrer, Berlin 1872

289/290: K. Bormann: Vierzig pädagogische Sendschreiben, Berlin 1867

291: Wilhelm Leitritz: Beiträge zur fruchtbaren Behandlung des deutsch-evangelischen Kirchenliedes, Berlin 1870

292: Dr. Fr. W. Schütze: Evangelische Schulkunde, Leipzig 1874

293: --

294: Joh. Heinr. Kurtz: Lehrbuch der heiligen Geschichte, Königsbg 1871

295a: Hermann Wagner: Pflanzenkunde für Schulen, 1. Kurs, Leipzig 1874

295b: Hermann Wagner: Pflanzenkunde für Schulen, Zweiter Kursus, Leipzig 1875

296: --

297: J.C.N. Backhaus: Leitfaden der Geschichte, Erdkunde, Naturkunde und Sprachlehre, Harburg 1874

298: Dr. Ernst Wagner: Tom Browns Schuljahre, Gotha 1867

299: -- (seit 1881)

300: --

301: --

302 (4 Bände:C. Kehr (Herausg.): Geschichte der Methodik des deutschen Volksschulunterrichts 1. Band, Gotha 1877, 2. Band, Gotha 1879, 3. Band, Gotha 1881, 4. Band, Gotha 1882

303: --

304: (3 Bände) --

305: F. Mann: Kleine Geographie für die Hand der Kinder in Volksschulen, Langensalza 1877

306: J.G. Lehmann: Grundzüge der Behandlung des Gesangsunterrichts in der Volksschule, Langenzalza 1876

307: G. Topf: 116 Abschnitte des Neuen Testaments, Langensalza 1876

308: K. Stock: Bilder aus der Naturlehre, Langensalza 1878

309: W.Ed. Beiche: Der kleine Botaniker, Langensalza 1875

310: Dr. G. Kramer (Herausg): A.H. Franckes Pädagogische Schriften, Langensalza 1876

311: Friedrich Mann (Herausg): J.H. Pestalozzis ausgewählte Werke, Langensalza 1878

312: Friedrich Mann (Herausg): J.H. Pestalozzis ausgewählte Werke (mit Biographie), Langensalza 1878

313: Friedrich Mann (Herausg): J.H. Pestalozzis ausgewählte Werke, Langensalza 1878

314: *Friedrich Mann (Herausg): J.H. Pestalozzis ausgewählte Werke vierter Band, Langensalza 1879*

315a/b: *Dr. Friedrich Bartholomäi (Herausg): Joh.Friedr. Herbarts Pädagogische Schriften, 2 Bände, Langensalza 1877*

316a/: *Dr.Theodor Vogt: J.J.Rousseau 1.Band Langensalza 1876 2. Band, Langensalza 1878*

317: --

318: --

319: *G.E.Th. Kuntze: Gesetze, Verordnungen und Erlasse, Erster Nachtrag, Schleswig 1878 320: --*

321a: *Friedrich Seidel (Herausg): F.G. Dinters ausgewählte Pädagogische Schriften, Erster Band, Langensalza 1880*

321b: *Friedrich Seidel (Herausg): F.G. Dinters ausgewählte Pädagogische Schriften, Zweiter Band, Langensalza 1881*

322: *Prof. Dr. Theodor Vogt (Herausg): Imanuel Kant. Über Pädagogik, mit Kants Biographie, Langensalza 1878*

323a: *A. Krüger: Das Evangelische Kirchenjahr, 1.Teil, Langensalza 1881*

323b: *A. Krüger: Das Evangelische Kirchenjahr, 2.Teil, Langensalza 1880*

324: *Ernst Barth: Über den Umgang, Ein Beitrag zur Schulpädagogik, Langensalza 1876*

325: *Dr. Johannes Krüger: Katechismuslehre, Auslegung, Leipzig 1877*

326: *D.Gustav Plitt: Dr. Martin Luthers Leben u.Wirken, Leipzig 1883*

327: --

328: *Dr. E.J. Römheld: Biblische Geschichte f. Volksschulen, Leipzig 1881*

329: *G.C.Th. Kuntze: Gesetze, Verordnungen und Erlasse für das Volksschulwesen, 2. Nachtrag, Schleswig 1882*

330–338: --

339a: *Prof. Dr. M. Lazarus: Das Leben der Seele, 1. Band, Berlin 1883*

339b: *Prof. Dr. M. Lazarus: Das Leben der Seele, 2. Band, Berlin 1885*

339c: *Prof. Dr. M. Lazarus: Das Leben der Seele, 3. Band, Berlin 1882*

340–344: --

345: *L. Harms: Katechismuspredigten, Hermannsburg 1872*

348: *Johannes Schmarje: Das katechetische Lehrverfahren auf psychologischer Grundlage, Flensburg 1890*

349: --

350: Prof. D. Detleffsen: Geschichte der holsteinischen Eibmarschen, 1.Band (Band 2–4 fehlen), Glückstadt 1891

351: Wilhelm Wundt: Grundzüge der physiologischen Psychologie, 2 Bände, Leipzig 1887

352–368: --

369: D.Theodor Schäfer: Evang. Volkslexikon, Bielefeld 1900

370–379: Dr.L.W. Seyfarth (Herausg): Pestalozzis sämtliche Werke Ausgabe in 10 Bänden, Liegnitz 1899- 1901

380: Karl Richter: Der Anschauungsunterricht in Elementarklassen, Leipzig 1887

381, 382: --

383: A. Diesterweg: Wegweiser zur Bildung für deutsche Lehrer, FfM 1906

384–390: --

391: Friedrich Paulsen: Aus meinem Leben, Jugenderinnerungen, Jena 1909

392–406: --

407: D.Bernhard Rogge: Das Evangelium in der Verfolgung, Berlin 1898

411: Dr.O. Bertling: Was ist Wahrheit? Leipzig 1906

Ohne Nummern, z.T. aus Nachlässen:

A01: Dr. Friedr. Gottfried Rettig: Bibelkunde, Hannover 1834

A02: Prof. Dr. W. Herbst: Historisches Hülfsbuch, 2. Bd., Mainz 1870

A03: Rosalle Schallenfeldt: Der Handarbeitsunterricht, Frankfurt 1878

A04: August Lomberg: Präparationen zu deutschen Gedichten 6.Heft, Langensalza 1907

A05: Prof. Wilhelm Pütz: Geographie und Geschichte, 2. Bd., Leipzig 1874

A06: Heinrich Wendel: Biblische Geschichten, Breslau 1901

A07: Wilhelm Romberg: Unterredungen mit Kindern, Berlin o.J.

A08: F.M. Rendtorff: Die schleswig-holsteinischen Schulordnungen vom 16. – Anf. 19. Jahrhunderts, Kiel 1902

A09: G.C.Th. Kuntze: Das Volksschulwesen Gesetze, Verordnungen, Erlasse 1. T., Schleswig 1887

A10: G.C.Th. Kuntze: Das Volksschulwesen Gesetze, Verordnungen, Erlasse 3. T. ,Schleswig 1900

A11: --: Holsteiner Bote, Kreisblatt für den Kreis Steinburg 29. Jahrgang, Itzehoe 1897

A12: --: Holsteiner Bote, Kreisblatt für den Kreis Steinburg 34. Jahrgang, Itzehoe 1902

A13: --: *Holsteiner Bote, Kreisblatt für den Kreis Steinburg 35. Jahrgang, Itzehoe 1903*

A14: --: *Holsteiner Bote, Kreisblatt für den Kreis Steinburg 37. Jahrgang, Itzehoe 1905*

A15: --: *Holsteiner Bote, Kreisblatt für den Kreis Steinburg 41. Jahrgang, Itzehoe 1909*

A16: --: *Holsteiner Bote, Kreisblatt für den Kreis Steinburg 42. Jahrgang, Itzehoe 1910*

A17: --: *Holsteiner Bote, Kreisblatt für den Kreis Steinburg 43. Jahrgang, Itzehoe 1911*

A18: *Holsteiner Bote, 44. Jahrgang, Itzehoe 1912*

A19a,b,c: *Hugo Greßmann: Die Schriften des Alten und Neuen Testaments, 3 Bände, Göttingen 1910*

A20: *o.Verf.A.: Amtsblatt der Königlichen Regierung zu Schleswig, Schleswig 1872*

A21: *o.Verf.A.: Kreis- und Anzeigenblatt für den Kreis Steinburg, Itzehoe 1891*

A22: *Th. Jeß/E. Versmann (Herausg): Kirchen- und Schulblatt für die Herzogthümer Schleswig, Holstein und Lauenburg, 1. Jahrgang 1844, Itzehoe 1844*

A23: *Th. Jeß/E. Versmann (Herausg): Kirchen- und Schulblatt für die Herzogthümer Schleswig, Holstein und Lauenburg, 2. Jahrgang 1845, Itzehoe 1845*

A24: *Th. Jeß/E. Versmann (Herausg): Kirchen- und Schulblatt für die Herzogthümer Schleswig, Holstein und Lauenburg, 3. Jahrgang 1846, Itzehoe 1846*

A25: *Th. Jeß/E. Versmann (Herausg): Kirchen- und Schulblatt für die Herzogthümer Schleswig, Holstein und Lauenburg, 4. Jahrgang 1847, Itzehoe 1847*

A26: *Th. Jeß/E. Versmann (Herausg): Kirchen- und Schulblatt für die Herzogthümer Schleswig, Holstein und Lauenburg, 5. Jahrgang 1848, Itzehoe 1848*

A27: *Th. Jeß/E. Versmann (Herausg): Kirchen- und Schulblatt für die Herzogthümer Schleswig, Holstein und Lauenburg, 6. Jahrgang 1849, Itzehoe 1849*

A28: *Th. Jeß/E. Versmann (Herausg): Kirchen- und Schulblatt für die Herzogthümer Schleswig, Holstein und Lauenburg, 7. Jahrgang 1850, Itzehoe 1850*

A29: *Th. Jeß/E. Versmann (Herausg): Kirchen- und Schulblatt für die Herzogthümer Schleswig, Holstein und Lauenburg, 8. Jahrgang 1851, Itzehoe 1851*

Die Geschichte der Stadt Wilster und der Wilster-Au in Schlaglichtern

Hans-Peter Micheel

Die Anfänge

Das kleine Städtchen Wilster, der Mittelpunkt der Wilstermarsch, ist mit seinem Wasser, ein Anziehungspunkt für alle Besucher. Im Jahr 1282 erhielt Wilster das Stadtrecht.[1] Als Dorf ist der Ort viel älter. Bereits 1164 wird seine Kirche in einer Urkunde des Klosters Neumünster erwähnt.[2]

Genau genommen wird allerdings in dieser Urkunde der Ort als Wilster nicht genannt. Der Erzbischof Hartwig (von Hamburg-Bremen, der Dioezesan-Bischof unseres Raumes) übergibt in ihr dem Kloster Neumünster wieder einen Kirchenzehnten und zwar südlich der Wilster(au), „in australi parte wilstere", und hier wieder zwischen Stockfleth (einem Ort, den es heute nicht mehr gibt) und Dammfleth, „inter stocflite et

---

1   *Vgl. Klaus-J. Lorenzen-Schmidt, Die mittelalterlichen Städte im Gebiet des heutigen Kreises Steinburg, in: Vorträge der Detlefsen-Gesellschaft, Nr. 4, 2001, S.5 ff; vgl. zu den Gründungsurkunden der Stadt Wilster: Das alte Ratsbuch der Stadt Wilster, Wilster 1925, S. 16ff.*

2   *„Item decimam in australi parte Wilstere, in Nesse inter Stocfliete et Damflite, e regione ecclesie; et agrum adiacentem, duodecim iugera continentem et decimam eiusdem agri; quam prefetam decimam et agrum prepositus Hartwigus nobis resignavit, et nos ea prefatis fratribus contulimus", zit. nach: W. Jensen/H. Kochendörffer (Hrsg.), Das alte Ratsbuch der Stadt Wilster, Wilster 1925, S. 6.*

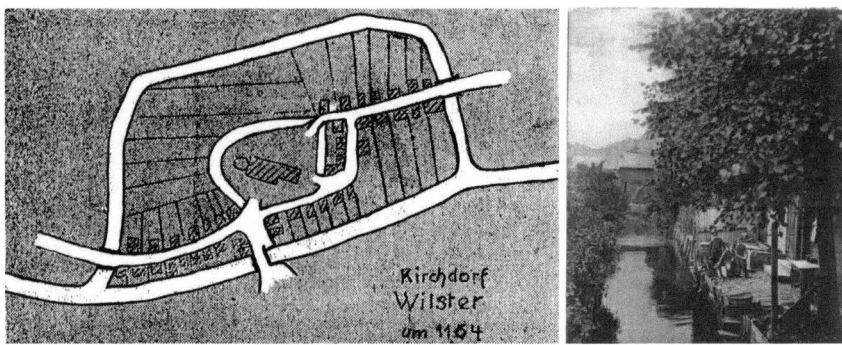

Links: Plan von Wilster um 1164. Die „Alte Seite" aus: Heinrich Schulz, Wilster, Wilster 1932, S. 5. Rechts: Koloriertes Foto vom Burggraben in Wilster 1910, Archiv der Stadt Wilster.

damflite", und hier im Neß, womit die Au-Schleife gemeint war, den diese bildete, als sie noch den großen Bogen am Alten Rathaus vorbei beschrieb, was bis ins 20. Jahrhundert hinein der Fall gewesen ist. Um das Gebiet ganz genau zu beschreiben, wird noch erläutert, das Gebiet habe gelegen „eregione ecclesie" (vgl. Fußnote 2). Neß bedeutet ein Land in einer Flussschleife. Dieses Neß lag südlich der Au, ist also nicht zu verwechseln mit dem Gebiet der späteren Neßducht flussaufwärts von Wilster.[3] Es handelte sich um das Gebiet zwischen Stockfleth und Dammfleth. So kann es sich nur um das Gebiet handeln in der großen Fluss-Schleife, die die Au durch das heutige Wilster (vor der Verrohrung des alten Au-Laufes) geschaffen hatte. Pastor Wilhelm Jensen übersetzt „eregione ecclesie" denn auch mit „gegenüber der Kirche".[4] „Die Kirche" war unverwechselbar. Es gab und gibt dort nur sie alleine, und sie lag also im Jahre 1163 schon „gegenüber" auf der Nordseite, am heutigen Platze. Marianne Hofmann schreibt in ihrer Dissertation: „Der in der Urkunde verwandte Ausdruck „eregione ecclesie" weist auf die Kirche zu Wilster an ihrem heutigen Platz hin, da hier der höchste

---

3   Detlef Detlefsen, Geschichte der holsteinischen Elbmarschen, Bd. I, Glückstadt 1891, S. 153.

4   W. Jensen, Das alte Wilster, S. 6, Anm. 1.

Punkt der Wilstermarsch ist" und bezieht sich dabei auf Detlef Detlefsen, der schon dieser Ansicht gewesen ist.[5]

Auch W. Jensen schreibt im „Heimatbuch des Kreises Steinburg", dass diese Kirche am heutigen Platze damals „auf hoher Wurt" gelegen habe, fügt dem aber kurz darauf hinzu, dass es sich nur um eine Vermutung von ihm handele. „Ob und wie weit er (der Grund) künstlich aufgeschichtet war, ist leider nicht aufgezeichnet worden."[6]

Eine Wurt als Platz für eine Kirche oder als ehemaliger Siedlungskern wäre an sich nichts Einmaliges in den Marschen. Sicher liegt jedenfalls die Kirche auf dem höchsten Punkt des Uferwalles der Wilster-Au. Als man die heutige Kirche im 18. Jahrhundert erbaute, hat man vorher den Untergrund einer eingehenden Prüfung unterzogen. Dabei hat man festgestellt, dass er ein so solides Fundament darstellte, sodass der große Baumeister Ernst Georg Sonnin eine Pfahlfundierung für überflüssig erachtete.[7] Man fand „oben zuerst 33 Fuß gute Tonerde, dann 3 Fuß Moor und endlich 9¾ Fuß Kleierde, dass also bis zu dem reinen Sandgrund 45 ¾ Fuß waren",[8] wobei in der Wilstermarsch damals 1 Fuß eine Länge von 0,28916 Meter hatte.[9] Da konnten die Marschbewohner aus ihrer lokalen Sicht schon mit Nachdruck schreiben: „Damals strömte noch die Wilierau zwischen hohen Ufern, die auch schon früh von

---

5   *Marianne Hofmann a.a.O. ZSHG 87 (1960), S. 22. Siehe auch Detlefsen, Bd. I, S. 124.*

6   *W. Jensen, Die Stadt Wilster, in: Heimatbuch des Kreises Steinburg, Bd. III (1926), S. 127.*

7   *G. Schwennesen, Die neue Kirche und ihr Erbauer, in: Die Sonninkirche zu Wilster. Festschrift zu ihrem 150jährigen Bestehen, Wilster 1930, S. 49; dieser Bericht fußt auf dem Bauprotokoll über die Sonnin-Kirche von 1775-1780.*

8   *Valentin Michaelsen, Zwo Predigten auf Veranlassung des vorzunehmenden Baues einer neuen Kirche in Wilster. Nebst einem historischen Bericht von der alten Kirche zu Wilster, Hamburg 1775, S. 54.*

9   *Vgl., zu den Maßen und Gewichten Emil Waschinski und Franz Böttger, Alte schleswig-holsteinische Maße und Gewichte, Neumünster 1952. Hierzu auch besonders über die Elbmarschen K. Bielenberg im Heimatbuch des Kreises Steinburg, Bd. II, S. 63/64. Schließlich in „Die Sonnin-Kirche zu Wilster" a.a.O. in „Die alte Kirche" von H. Schulz, S. 16 Anm. 2.*

Deich überhöht wurden, in mächtigen Windungen der Stör zu".[10] Oder:
„Unsere Kirche liegt an höchster Stelle in der ganzen Marsch, und wenn
diese einmal ganz unter Wasser stehen sollte, so würde es doch kaum
bis an die Kirche reichen."[11]

Dieses alte Kirchdorf sah also wesentlich anders aus als die heutige
Stadt.

Eingeschlossen von der Au und dem (heute zugeschütteten) Burggraben, lag das Dorf um die Kirche herum auf einer hohen Stelle am
linken Ufer der Wilster-Au. Dieser ältere Teil heißt noch heute die
„Alte Seite". Wie eine Schlange wand sich die alte Dorfstraße, die noch
heute den „Totenweg" bildet, hindurch von der Haberstrat (Burgerstra-
ße) – Dwerstrat – über den Kohlmarkt – an der Kirche vorbei – durch
die Marktstraße – zur Göten. Das war damals eine Furt durch die Au,
die erst später durch eine Brücke überspannt wurde. Nur eine Straße
zweigte von dieser alten Dorfstraße ab; die „Kehdinger Strat", die jetzt
Deichstraße heißt. Das ist vermutlich Alt-Wilster um 1164. Ziemlich
weltabgeschlossen lag es da, mitten in der Marsch. Schwierig war es, zu
gewissen Jahreszeiten aus dem Dorf fortzukommen, denn Landstraßen
gab es damals nicht. Die Marschwege waren unbefestigt, sodass man oft
selbst mit vier Pferden vor einem leichten Ausfuhrwagen stecken blieb.

So bildete die Wilster-Au den Hauptverkehrsweg, und das war damals ein Fluss der nicht – wie jetzt – träge dahinschlich, sondern rasch
sein klares und fischreiches Wasser der Stör und damit der Elbe zujagte.
Man konnte mit Elbkähnen bis nach Burg in Dithmarschen gelangen.
Damals hatte die Au noch einen Oberlauf und eine Quelle und führte das Wasser des Kudensees der Stör zu. Der Kaiser-Wilhelm-Kanal
schnitt noch nicht den ganzen Oberlauf ab, und die Holsten-Au war
ein Nebenfluss, nicht Quellfluss. Wilster hatte nicht, wie zum Beispiel
Krempe, ein Stadtfeld. Die Stadt war eingekeilt zwischen den Landge-
meinden Nortorf, Dammfleth, Stördorf und Landrecht und hat daher
keine Landreserven.[12] Im 16. Jahrhundert ist sogar der Platz der Hin-

---

10 *W. Jensen, Die Sonnin-Kirche zu Wilster, Wilster 1930, S. 7.*

11 *Heinrich Schulz, Wilster. Eine kurze Geschichte der Stadt und ihrer Baudenkmäler, Wilster 1932, S. 6.*

12 *Klaus-J. Lorenzen-Schmidt, Die mittelalterlichen Städte im heutigen Kreise
Steinburg, in: Vorträge der Detlefsen-Gesellschaft 4, Glückstadt 2001, S. 18.*

Links: Zingelstraße mit Bewohnern vom Markt aus gesehen, 1866, Archiv der Stadt Wilster. Rechts: Ansicht der alten Kirche vor dem Abriss 1775, Archiv der Stadt Wilster.

richtungsstätte zwischen Dammfleth und Wilster zeitweilig streitig.[13] So dürften wir annehmen, dass Wilster zur Hauptsache ein Schifferdorf war, daneben jedoch auch Handwerker barg, die vom Verdienste jener und von der Landbevölkerung ihr Auskommen fanden, selbst aber auch mit den Landwirten handelten.

Die wenigen Häuser bestanden aus Holz mit lehmbeworfenem Flechtwerk und waren mit Reet gedeckt. Gering wird auch anfangs nur die Zahl der Einwohner gewesen sein. Doch wurde das Land zwischen der Au und dem Burggraben bald zu eng, und als 1282 aus dem Kirchdorf eine Stadt wurde, war bereits die „Neue Seite" hinzugekommen, die gleichfalls von der Au und einem „Neuen Burggraben", dem sogenannten „Bäckerstraßenfleth" eingeschlossen wurde.

„Op de Riegen Borg" – Stadtverteidigung

Als Graf Gerhard II. von Holstein (1254-1312) dem Kirchdorf Wilster 1282 das Stadtrecht verlieh, besaß die junge Stadt nur einen geringen

13 Vgl. *Archiv der Stadt Wilster, verzeichnet v. A. Wetzel*, in: ZSHG, 8 (1878), Beilage S. 52-133, hier Nrn. 121, 122, 126-128.

Schutz durch ihre Burggräben und einen Wall. Die Zingelstraße verweist noch heute auf die alte Umwallung, den Zingel[14]. Auch hier gab es Torgebäude an den Eingängen der Straßen. An diesen vier Stellen konnte man über die Burggräben in die Stadt hinein gelangen. Vermutlich führten Zugbrücken hinüber, die abends aufgezogen wurden. Diese Tore von denen heute keine Spur mehr vorhanden ist, hatten die folgenden Namen: Am Anfang der Haberstrat lag das „Biskopper Tor" (Bischofer Tor), am Ende der Kehdingerstrat das „Neßtor" auf der „Neuen Seite" gelangte man durch die Lange Strat (jetzt Rathausstraße) ans „Dammflether Tor". Das vierte Tor war das „Diekdorfer Tor".[15]

Das Land zwischen Zingelstrat, Burggraben, Pastorat und Kirchplatz liegt noch heute höher als das angrenzende, wird auch später noch als „Borchwurt" bezeichnet; deshalb wurde angenommen, dass hier tatsächlich eine Burg vorhanden war, die nach Norden zu von dem Burggraben, an den drei anderen Seiten durch einen Zaun mit von oben zugespitzten Schanzpfählen geschützt wurde. Es war kein prächtiges Schloss, sondern nur ein einfaches Bauwerk, in dem der gräfliche Vogt wohnte. Da später die Straße bei der Apotheke „Op de Riegen Borg" heißt, ist zu vermuten, dass die Burg im Laufe der Zeit dorthin verlegt worden ist.

Ein Kloster hat es wohl nie in Wilster gegeben. Der Name „Klosterstraße" dürfte eigentlich schon Beweis genug dafür sein, dass es sich nicht um ein eigentliches Kloster, sondern um ein dem Kloster gehörendes Wirtschaftsgrundstück gehandelt hat. 1282 jedenfalls ist kein Kloster vorhanden; 1391 gestattete der Papst dem Augustiner-Eremiten - Orden die Anlage eines Klosters in Wilster. Aber keine Urkunde zeigt an, dass der Plan in die Tat umgesetzt worden ist.[16] Insgesamt ist die

---

14   *Von lat.: cingulum = Gürtel.*

15   *Vgl., Klaus-J. Lorenzen-Schmidt, Die mittelalterlichen Städte im heutigen Kreise Steinburg, in: Vorträge der Detlefsen-Gesellschaft 4, Glückstadt 2001, S. 19.*

16   *Vgl. dazu: W. Jensen/H. Kochendörffer (Hrsg.), Das alte Ratsbuch der Stadt Wilster, Wilster 1925, S. 7. Nach dem Landregister von 1551(enthalten im Amtsregister von 1562 im Staatsarchiv in Kiel. A. XXIV) erhielt das Kloster Bordesholm aus den Duchten im Süden der Stadt an „Tegenden" (Zehnten) 13 Mk. Der Mönchshof ist der jetzige Kloppenburgsche Hof im Westen der Dammflether Straße. Er umfasste früher 30 Morgen.*

Quellenlage für das Mittelalter sehr dürftig. Höchstwahrscheinlich hat es nie eine Burg oder ein Kloster in Wilster gegeben.[17]

Wilster wird eine Stadt

Welche Bedeutung hatte es nun für Wilster, dass das Dorf eine Stadt wurde? Die Urkunde darüber vom 8. August 1282 ist nur in zwei beglaubigten Abschriften vorhanden. Sie ist in lateinischer Sprache erhalten und von dem Ritter Marquard von Wilster, dem Gräflichen Vogt in Itzehoe als ersten Zeugen mitunterschrieben. Es war mit der Verleihung des Stadtrechts eine offenbare Gunstbeziehung des Grafen Gerhard beabsichtigt; aber diese Gnade war doch sehr eingeschränkt. Der wichtigste Satz in dieser Urkunde war: „Wir geben der Allgemeinheit bekannt, dass wir den Einwohnern des Dorfes Wilster, um die Kirche und jenseits der Brücke (circa ecclesiam et ultra pontem), alles Recht verleihen, das unsere Städte im Holstenlande haben, innerhalb der Grenzen und ohne die Ländereien, die zu dem erwähnten Dorfe gehören".[18]

Das bedeutete eine starke Einengung für die Zukunft, denn die Kirche fiel danach nicht in das Gebiet der Stadt, sondern sie blieb bis zur Einverleibung Schleswig-Holsteins in Preußen in der Amt-Steinburgischen-Gerichtsbarkeit, lag also im Landrecht, nicht im Stadtrecht.

Die Selbstverwaltung durch Verleihung des Stadtrechts

Trotzdem war die Verleihung des Stadtrechts für Wilster etwas Bedeutendes; es war das sogenannte Lübsche Recht[19], das Wilster erhalten hatte, und das brachte dem Ort viel Freiheit und Selbstständigkeit in Form

---

17 Vgl. dazu: Klaus-J. Lorenzen-Schmidt, Die mittelalterlichen Städte im Gebiet des heutigen Kreises Steinburg, in: Vorträge der Detlefsen-Gesellschaft 4, Glückstadt 2001, S. 5-23.

18 W. Jensen/H. Kochendörffer (Hrsg.), Das alte Ratsbuch der Stadt Wilster, Wilster 1925, S. 8.

19 E. Müsebeck, Die Belehnung Wilsters mit dem Stadtrecht nach dem lübischen Recht, in: ZSHG 31 (1901) S. 220 ff.

der sogenannten Selbstverwaltung.[20] Spärlich sind die Nachrichten über die junge Stadt, ihre Einrichtungen und Schicksale in den folgenden Jahrhunderten. Einen etwas genaueren Einblick in die herrschenden Verhältnisse gibt uns erst das Ratsbuch der Stadt Wilster von 1377. Die darin enthaltene Sammlung der vom Rat erlassenen Gesetze, die sogen. „Buursprak"[21] von 1456, zeigt durch die ausgesprochenen Ge- und Verbote, was zum Schaden der Allgemeinheit vielfach üblich war, aber auch die große Macht des Rates als Herrn über Gut und Leben der Bürger.[22]

Die religiöse Bewegung um die Wende des 15. Jahrhunderts teilte – wie überall – auch Wilster in zwei Lager. Heftige Kämpfe hatte der Rat mit einem seiner querköpfigen Bürger, Bartelt Holste, zu bestehen. Dieser bewirkte zweimal, dass der Rat der Stadt in den kirchlichen Bann geriet. Noch heute befindet sich im Archiv der Stadt Wilster die Urkunde Papst Leos X. (1475–1521), vom 10. Mai 1518.[23] Kein Wunder daher, wenn schon 1523 in Wilster evangelisch gepredigt wurde. Und wenn auch dieser erste, unbekannte evangelische Geistliche samt seinem Nachfolger Johann Sina die Stadt verlassen mussten, „von den hiesigen Pfaffen und anderen papistisch gesinnten Einwohner des Ortes vertrie-

---

20 W. Jensen/H. Kochendörffer (Hrsg.), Das alte Ratsbuch der Stadt Wilster, Wilster 1925, S. 8.

21 Eine Bursprake bezeichnet im Spätmittelalter in verschiedenen norddeutschen Städten eine Bürgerversammlung (Bur = Bürger) auf der Vorschriften beschlossen wurden, im engeren Sinn ist eine Bursprake auch die bei dieser Gelegenheit verlesene Sammlung von ordnungspolitischen Vorschriften und Anweisungen des Rates der Stadt. Später wurden auf den Versammlungen nur noch die Texte des Rates zur Kenntnis genommen. Neben dem Stadtrecht und den Rezessen waren Burspraken das dritte Element der städtischen Rechtsordnung, die als Teil der bürgerlichen Selbstverwaltung angesehen werden.

22 W. Jensen/H. Kochendörffer (Hrsg.), Das alte Ratsbuch der Stadt Wilster, Wilster 1925; ebda., S. 70-72 die Bursprake von 1456; ein Abdruck ebenfalls in ZSHG 8, 1878, S. 353f.

23 Stadtarchiv Wilster, Urkunde Nr. 34. Hierin befielt Papst Leo X. dem Kantor der Marienkirche zu Hamburg und dem bremischen Offizial den Streit der Laien Detlef Witte, Johannes Hannemann, Petrus Steghemann, Gerhard Scroder wider Berthold Holste zu Wilster zu untersuchen.

ben[24]", so wurde doch mit dem dritten, Joachimus Franke (1526–31), die Kirche protestantisch und ist es bis heute geblieben.

Die Blütezeit in Wilster

Die höchste Blüte hatte die Stadt etwa um 1600, als ein dritter Stadtteil hinzugekommen war, der von der sogenannten Sielwettern, dem Bäckerstraßenfleth und der Au umgrenzt wurde.

Hand in Hand mit dem äußeren Wachstum ging auch ein inneres Aufblühen der Stadt, sodass der Rat um 1600 mit berechtigtem Selbstgefühl behaupten konnte, dass das „Stätlein Wilster, nun ezliche Jahr hero, Gott lob, an gebewitten (Gebäuden) und Vielheit der Leute (Bevölkerung), ziemlich zugenommen und sich vermehrt" habe. Heinrich von Rantzau, der berühmte holsteinische Staatsmann und Humanist, gibt in seiner „Neuen Beschreibung der Cimbrischen Halbinsel" auch eine knappe Schilderung Wilsters. Er nennt es „ eine elegante Stadt, die fast rund erbaut [...] und in gesunder Luft gelegen ist an einem recht angenehmen fruchtbaren Ort".[25] Demnach sollte es sich hier gut leben lassen, allerdings sind die Klagen über Lebensunterhalt, (d. h. Mangel an Verdienst) der Bürger alt und ziehen sich jahrhundertlang wie ein roter Faden durch alle Eingaben des Magistrats hindurch. Der allergrößte Teil der Bürger bestand aus Handwerkern und Gewerbetreibenden, „Hökern" oder „Kramern" wie man sie damals allgemein nannte. Alle waren abhängig von der umliegenden Marsch. Die Stadt hatte darum für diese Bürger allerlei Vorrechte bei dem König durchzusetzen gewusst. Die grundlegende königliche Verfügung vom 7. August 1620 bestimmte, dass Krämer und Tuchhändler im Kirchspiel Wilster außerhalb des Stadtgebiets überhaupt nicht länger zu dulden sein. In den übrigen Kirchspielen sollten die jetzt vorhandenen bleiben, neue dagegen sollten sich nicht niederlassen dürfen. Doch diese königliche Anordnung wurde ebenso wenig beachtet, wie alle folgenden. Erst als Wilster eine preußische Stadt wurde und Freizügigkeit und freier Wett-

---

24 Zit. nach: Heinrich Schulz, Wilster – Eine kurze Geschichte der Stadt und ihrer Baudenkmäler, Wilster 1932, S. 15.

25 Zit. nach: Ruth-E. Mohrmann, Volksleben in Wilster im 16. und 17. Jahrhundert, Neumünster 1977, S. 14.

bewerb gesetzlich gestattet wurden, hörten die alten Klagen über den „Lebensunterhalt" auf.

Einschränkungen für Schifffahrt und Handel

Ähnliche Schwierigkeiten, wie dem Handwerk waren auch dem Handel und der Schifffahrt der Stadt in alter Zeit bereitet. Damals machte die Marsch einen anderen Eindruck als heute, denn mehr als die Hälfte des Landes war unter dem Pfluge. Neben den vier Hauptgetreidearten wurden auch Rüben angebaut. Haupthandelsprodukte waren Getreide, Fleisch, Bohnen und Milchprodukte. Wichtigste Importware war Holz von der Geest und aus Skandinavien. Die Absatzmärkte für die Produkte waren neben den Hansestädten auch Skandinavien – besonders für die Milchprodukte – Spanien, Portugal, Frankreich, Schottland und England.

Nun gab es aber seit alten Zeiten schon allerlei Einschränkungen des Handels über Land und auch bei der Schifffahrt. Es handelte sich dabei teils um Ausfuhrverbote, teils um allerlei Sonderrechte anderer Städte, denen Wilsters freie Schifffahrt ein Dorn im Auge war. Wie kühn die Wilsteraner Schiffer sich aufs freie Meer vorwagten, zeigt ein Befehl des dänischen Königs Christian III. um 1540. Wegen der Kriegsunruhen sollten sie die Fahrten nach Holland, Seeland, Frankreich, England, Schottland und in das „Land tho Losien" (Andalusien / Spanien) unterlassen; nur nach Osten sollten die Fahrten frei betrieben werden. Besonders Hamburg und Itzehoe machten den Wilstrischen Händlern und Schiffern das Leben sauer mit ihren Sonderrechten. Die Hamburger behaupteten, allein berechtigt zu sein, das Korn aus der Marsch auszuführen. Sie fingen Wilstrische Kornschiffe auf der Elbe ab, wenn sie in See stechen wollten, und zwangen sie, das Korn auf den Hamburger Markt zu bringen. Itzehoes Stellung war auch dominierend. Diese Dominanz wird bestätigt durch das Stapelrecht der Stadt. Es zwang alle vorbeifahrenden Schiffer, ihre Waren drei Tage lang in Itzehoe anzubieten und damit hatten die Itzehoer Händler die Möglichkeit, sich selbst mit der Weiterverschiffung und damit dem Einstreichen des Handelsprofits zu befassen. Auf dieses Privileg von 1260 beriefen sich die Itzehoer wiederholt.[26]

Erst auf Klagen gelang es der Stadt Wilster, den König zu bewegen, die Ausfuhrverbote aufzuheben (1571), sodass Schiffer aus Wilster bis Bergen in Norwegen die Erzeugnisse der Marsch, daneben auch Holz zollfrei bringen durften. Darüber hinaus allerdings blieb die Schifffahrt für sie gesperrt. Die Hamburger wurden durch scharfe Gegenmaßnahmen zum Nachgeben gezwungen. Aus dem Itzehoer Sonderrecht aber wurden wichtige Stücke herausgebrochen; ganz befestigt jedoch wurde der Itzehoer „Störbaum[27]", eine Handelsverordnung, erst durch die neue Zollverordnung vom 1. März 1833.

Zur Geschichte der Schiffergilde „Die Eintracht"

Ziel der Schiffergilde[28] war es, in der mittelständischen Privatwirtschaft, eine Einrichtung zur Selbsthilfe zu gründen, in der man sich gegenseitig half.

An der Unterelbe und deren Nebenflüssen gab es um die Mitte des 19. Jahrhunderts eine Vielzahl von kleinen Schiffen, meist hölzerne Ewer[29], die im Verkehr mit Hamburg sowohl als Küstenschiffer beschäftigt waren. Bis zu diesem Zeitpunkt waren die Schiffe meist nicht versichert, sodass ein Schaden, insbesondere aber ein Totalverlust, den jeweiligen Schiffseigner sehr hart traf. So ist es nicht verwunderlich, dass sich etwa ab 1850 überall Schiffer finden, die den Gedanken der Selbsthilfe aufgreifen und die Gründung von Versicherungsgilden anregten. In Wilster war es eine Gruppe unter Friedrich Fürst, die im Jahre 1859 zusammenkam, um nach dem Muster der 1854 konfirmierten Schiffergilde „Die Eintracht" in Elmshorn einen ähnlichen Zusammenschluss für

26 H. Kaufhold, Das Stapelrecht der Stadt Itzehoe, Diss. Kiel 1956; auch in der Zeitschrift „Die Heimat" von 1958, S. 204 ff.

27 Vgl., Manfred Koch, Schiffahrt, Hafen und Handel in Wilster, Steinburger Jahrbuch 1983, S. 176f.

28 Zur Schiffergilde: Festschrift zum 100jährigen Bestehen, Wilster 1961.

29 Vgl. zum Ewer: Peter Danker-Carstensen, Die Fischerei auf und von der Elbe und ihren nördlichen Nebenflüssen, in: Vorträge der Detlefsen-Gesellschaft 4, S. 136.

Wilster ins Leben zu rufen. Nach einer Versammlung am 23.01.1859 wurde auf einer erneuten Zusammenkunft am 25.01.1861 folgender provisorischer Vorstand gewählt:

- Friedrich Fürst Ältermann
- F. Bergmann Beisitzer
- R. Becker Beisitzer
- F. Ulrich Beisitzer
- J. Stobbe Beisitzer

Diese Herren wurden beauftragt, eine Satzung[30] auszuarbeiten und diese auf einer Gründungsversammlung zur Zeichnung auszulegen. Am 24. Juni 1860 bekundeten 14 Schiffer durch ihre Unterschrift, dass sie künftig in Schadensfällen und Totalausfall einer für den anderen einstehen wollen. Am 19. Januar 1861 bestätigt König Frederik der VIII. durch seine Unterschrift und das königliche Siegel die Gründung. Zu dieser Zeit sind in Wilster und Landrecht mehr als 100 Schiffer beheimatet gewesen. Als erstes Schiff wurde am 22. März 1861 der Ewer „Ida" des Schiffbauers Hans Fack aus Wilster in die Gilderolle übernommen.[31] Ende 1861 waren es 18 Mitglieder. Zehn Jahre später sind es bereits 80 und im Jahre 1875 schon über 100 Mitglieder. In den neunziger Jahren wird der Höchststand erreicht. 1899 sind 126 Schiffe mit einer Versicherungssumme von 328.466,66 Mark versichert.

---

30 Aus Paragraf 2 der Satzung: „In diese Gilde kann jeder Eigentümer eines Kahnes oder Ewers aufgenommen werden, welcher an den holsteinischen Elbufern von Hamburg bis Neufeld oder an einem innerhalb dieses Bezirks in die Elbe sich ergießenden Flüsse seinen ordentlichen Wohnsitz hat, unter einheimischer Flagge fährt, des Fahrens kundig, ein Mann von unbescholtenem Ruf ist und seine Fahrten nicht weiter ausdehnt, als nach den Watten westlich der Weser und nördlich bis zur Eider mit Einschluss des Eiderkanals. Jedoch werden nur solche Fahrzeuge zur Versicherung aufgenommen, welche nicht über 6 dänische Commerzlasten groß sind und mindestens einen Wert von 266 2/3 Talern (ca. 800,- Mark); 1 Taler = 3,- DM haben, dieselben müssen mit guten, brauchbaren Ankertauen und Ketten versehen, sowie gehörig dicht und fest geschalkt sein."

31 1875 übernahm der Schiffer Peter Groth die „Ida" und fuhr damit bis zum ersten Weltkrieg 1914.

Die Schiffe durften nicht mehr als 6 dänische Commerzlasten tragen (1 Commerzlast = 2 Registertonnen[32]). Auf Antrag setzte die Regierung im Jahr 1873 fest, dass 21 preußische Tonnen = 44,5 Netto-Kubikmeter entsprechen. Weiterhin bestimmte die Regierung, dass Schiffe bis 31,8 Netto-Kubikmeter mindestens einen Wert von 200 Talern, und solche darüber einen Wert von 500 Talern haben müssten. Eine Commerzlast entsprach bei der Umrechnung etwa 7 Kubikmeter. Danach dürften die größeren Schiffe bei 40 Tonnen Tragfähigkeit gelegen haben.

Die Werften in Wilster, die Holzewer bauten, waren die Firmen Bergmann, Fack[33] und Engel. Die Baukosten für eine Ladetonne lagen zwischen 100 bis 125 Mark. Die Gesamtkosten für ein Schiff betrugen demnach zwischen 1.000 bis 4.000 Mark. Die Länge der Schiffe lag zwischen 14 bis 16 Metern. Die Breite betrug 4,20 Meter. Das war auch das Schleusenbreitenmaß für die Deichschleuse in Kasenort. Die Raumtiefe durfte 1,12 Meter dabei nicht überschreiten, weil davon der Schiffstiefgang des Schiffes abhing und damit nur bestimmte Flüsse befahren werden konnten. Auch waren die Durchfahrtshöhen der Brücken dadurch begrenzt.

Entscheidend für die Unterelbeschifffahrt war der Bau der Eisenbahnen. 1844 trat Schleswig-Holstein ins Eisenbahnzeitalter ein. „König-Christian VIII. Ostseebahn" taufte die Betreibergesellschaft den Schienenstrang von Kiel über Neumünster, Elmshorn und Glückstadt nach Altona. 1857 kam die Strecke Glückstadt nach Itzehoe hinzu. 1878 folgte die Verbindung Itzehoe–Wilster–St.Margarethen. Waren wurden nun immer mehr über die Schiene transportiert. Der Export landwirtschaftlicher und gewerblicher Produkte über die Schiene ersetzte immer mehr die umständliche Küstenschifffahrt.[34] Zeitgleich mit der Eisenbahn ent-

---

32 Vgl. zu den Gewichten, Maßen und Währungseinheiten Klaus-J. Lorenzen-Schmidt, Kleines Lexikon alter Schleswig-Holsteinischer Gewichte, Maße und Währungseinheiten, Neumünster 1990.

33 Die Werft Johann Heinrich Fack auf dem Brook in Itzehoe bestand von 1880 bis 1912; in dieser Zeit wurden dort 113 Schiffe gebaut, darunter viele Lägerdorfer Ewer. Von 1852 bis 1856 baute Hans Fack in Itzehoe Ewer, bevor er seine Werft nach Wilster verlegte.

34 Vgl. Monika Frohriep, Vom Postwagen zur Eisenbahn. Kleine Verkehrsgeschichte Schleswig-Holstein im 19. Jahrhundert, Heide 1998.

stand die Industrie der Zementmittel in Itzehoe und Lägerdorf. 1875–1877 wurde der 7 km lange Breitenburger Schifffahrtskanal gebaut. Die Jahresproduktion lag 1890 bei bis zu 30.000 Tonnen / Jahr. Der größte Anteil der Produktion wurde trotz der Eisenbahn per Schiff transportiert. Auf der Fahrt von Hamburg zurück nach Lägerdorf wurde für das Zementwerk Kohle geladen. Die sogenannten „Lägerdorfer Ewer" wurden speziell für den Transport von Zement gebaut. Ein Beispiel für so ein Schiff ist die „Möwe".[35] Sie wurde 1907 für den Elbschiffer Martin N. Fischer aus Wilster als Frachtsegler von der Werft von Heinrich Fack in Itzehoe gebaut. Als Lägerdorfer Ewer durfte das Schiff bestimmte Abmessungen nicht überschreiten, damit sie die Münsterdorfer Schleuse und Brücken des Breitenburger Kanals passieren konnte. Dies war vonnöten, denn die Frachten der „Möwe" waren Kohlen von Hamburg nach Lägerdorf und Zement von der dortigen Zementfabrik zurück nach Hamburg. Die Länge der Schiffe im Boden war 14,90 Meter. Die Breite der Schiffe betrug 4,15 Meter. Der Tiefgang der Schiffe durfte 1,43 Meter nicht überschreiten.

Technische Daten des Frachtseglers Möwe

- Baujahr, Ort, Werft: 1907, Itzehoe, Heinrich Fack
- Schiffsgattung: Besan-Ewer
- Länge: 17,86 m
- Breite: 4,11 m
- Tiefgang: 1,00 m
- Verdrängung: 31 BRT
- Baumaterial und Bauweise: Stahl, genietet, Plattboden
- Maschine: 28 PS
- Takelung: Gaffelketsch
- Segelfläche am Wind: Ca. 150 qm
- Restaurierung: 1977
- Eigner: Museumshafen Oevelgönne e.V.

---

35 Das Schiff liegt heute im Museumshafen Oevelgönne e.V., vgl. auch: Joachim Kaiser, Segler in der Zeitenwende. Biografie der kleinen stählernen Frachtsegelschiffe (1880 – Gegenwart), Norderstedt 1977, Alphabetische Dokumentation im Anhang.

Die Werft Bergmann in Wilster baute auch solche Schiffe.[36] Vom 15. Dezember bis 15. Februar lagen die meisten Schiffe in ihren Heimathäfen. Der Höhepunkt im Jahr war der Schifferball. Dieser wurde immer am 8. oder 9. Januar eines Jahres gefeiert.

Um 1900 begann der Wechsel von hölzernen auf eiserne Schiffe. Im Protokoll des Jahres 1915 werden 128 Mitglieder der Gilde genannt. 32 Mitglieder dienten als Soldaten im Ersten Weltkrieg (1914–1918).

Die sozialen Belange wurden von der Gilde vertreten. Vor dem Ersten Weltkrieg bestand bereits eine Altersversicherung. 1912 hatte diese ein Vermögen von 4.406,21 Mark. Im Verlaufe des frühen 20. Jahrhunderts nahmen die eisernen Schiffe immer mehr zu. Der Glühkopfmotor hielt seinen Einzug. Die Werften in Wilster mussten sich anpassen. In den Jahren von 1922 bis 1927 hat man in den Versammlungen der Gilde über die Aufnahme von Motorschiffen viel diskutiert. Im März 1927 wird dann beschlossen, auch diese Schiffe mit zu versichern. 1930 bestand der Vorstand nur noch aus Schiffern aus Wilster. Am 8. Januar 1930 wurde die Satzung geändert, sodass auch auswärtige Schiffer Mitglieder werden konnten. 1936 wird das 75jährige Gildejubiläum gefeiert. Von 91 Mitgliedern waren 80 Mitglieder zum Festtag erschienen. Der Zweite Weltkrieg stellte an die Schiffer große Anforderungen. Der Wassertransport nahm wegen der LKW-Ausfälle (wurden für den militärischen Nachschub gebraucht) immer mehr zu. Auch die Zeit vom Kriegsende 1945 bis zur Währungsreform 1948 war schwierig. Der Materialverschleiß an den Schiffen machte sich jetzt bemerkbar. Ersatzteile waren nicht mehr zu beschaffen. Im Jahre 1936, des 75jährigen Jubiläums, lag die Durchschnittsgröße der Schiffe eben über 50 Tonnen Tragfähigkeit. Im Jahre 1948, nach der Währungsform, betrug sie 65 Tonnen. Zu Beginn des Jahres 1961 wird die 100-Tonnen-Grenze überschritten. Das kleinste, 1961 noch existierende Schiff war das Motorschiff „Melpomene". Mit einer Tragfähigkeit von 48 Tonnen und einem Motor von 12 PS. Es wurde von Frau Marie Hasch gefahren. Das Schiff war eines der ersten eisernen Segler und wurde auf der Werft in Boizenburg, speziell für die Fahrt nach Lägerdorf gebaut. Die größeren Schiffe hatten eine

---

36 Zu den Werften in Wilster vgl. auch: Hans Szymanski, Der Ever der Niederelbe, Hamburg 1985; vgl. auch F. Carstens, Aus Wilsters alten Tagen (Schiffahrt und Werften), in: Nordischer Kurier (Itzehoe) vom 10. Januar 1928.

Tragfähigkeit von 150 Tonnen. Transportiert wurden ausschließlich Massengüter, wie 25–30 % Getreide, 20 % Futtermittel, 20 % Zement, 10–15 % Kohlen, ferner Steine und Erden, Dünger und chemische Produkte, Holz, Zellulose, Kies, Sand und Schrott. Nach 1960 konnte der Schiffsfrachtverkehr nicht mehr gesteigert werden. Die Zunahme der LKWs, insbesondere im Nahverkehr, führte zum Einbruch im Schiffsverkehr. 1961 gab es noch 82 Gildemitglieder. In Wilster fuhr zuletzt die „Christina", die frühere „Melpomene" von Rumfleth nach Hamburg und zurück. Der Besitzer war der Müller Hans-Delf Martens, der das Schiff nach seiner Tochter Christina benannt hatte.

Viele Jahre hat die Binnen- und Küstenschifffahrt zum Leben und Wohlstand der Menschen in der Stadt Wilster, und im Kreis Steinburg beigetragen auch wenn 100 Jahre nach der Gründung der Gilde nur noch 1 Schiffer in Fahrt – Hans Ulrich mit der MS „Ocean"[37] war.

Der Rosengartenhafen

Die Wilster-Au trug bis zur Mitte des 20. Jahrhunderts wesentlich zum Wilsteraner Stadtbild bei und verlieh der Marschenstadt lange Zeit ein nahezu holländisches Aussehen: Von Rumfleth kommend, wo die alte Wilster-Au ehemals einen anderen Verlauf nahm als heute, führte sie parallel zum Landrecht und zur Deichstraße an den rückwärtigen Höfen vorbei durch das Schott und weiter am Audeich entlang über Bischof und Kathen nach Kasenort, wo sie in die Stör mündet. Dieser Hauptarm ist noch heute vorhanden. Hinter der Mühlenbrücke verläuft noch ein Arm bis zur Pumpstation an der Langen Reihe. Ein weiterer Arm führt vom Helgen hinter der Deichstraße bis zum Rosengarten. Hier am Rosengarten lag auch der Hafen der Stadt. Er galt bis über den Ersten Weltkrieg hinaus als Hauptumschlagsplatz für die gesamte Wilstermarsch und Dithmarschen.[38] Dieser Stadthafen war nicht nur am Rosengartenplatz, sondern verlief weiter herum bis zur Neustadt. Dieser Platz wurde der Neumarkt genannt. Auf alten Fotos kann man diesen verlängerten

---

37 Zur MS Ocean vgl., Joachim Kaiser, Schiffe in der Zeitenwende, Norderstedt 1977, S. 205 und alphabetische Dokumentation im Anhang.

38 Manfred Koch, Schifffahrt, Hafen und Handel in Wilster, in: Steinburger Jahrbuch 1983, S. 176.

Links: Rosengarten um 1880, Foto: H. P. Mohr, Archiv der Stadt Wilster. Rechts: Rosengarten um 1900, Foto: Privatarchiv Micheel.

Hafen sehr gut erkennen. Das Flussbett der Wilster-Au war hier besonders breit. Die Au verlief von dort in die Stadt hinein in Richtung des Alten Rathauses, und weiter bis in die Neustadt. Diesen Flusslauf nannte man dann den Bäckerstraßenfleth. Ein weiterer Hafen befand sich direkt am Alten Rathaus (Straße „Op de Göten"). Alle Schiffe, die bis hier in die Stadt kamen, waren Schiffe aus Eichenholz mit einer Länge von 9 Metern und einer Breite von 4 Metern. Der Schiffstiefgang war 1,20 Meter. Grundsätzlich wurde fast alles, was die Bewohner der Stadt Wilster und der Wilstermarsch brauchten, mit Schiffen transportiert. Die Straßen waren bis weit ins 20. Jahrhundert hinein nicht durchgängig befahrbar. Transportiert wurden Erzeugnisse aus der Stadt und der Landwirtschaft wie Fleisch, Butter, Käse, Häute, Rüben, Kohl, Kartoffeln, Bier, Salz, Senf, Farben sowie Torf zum Heizen. Der städtische Unrat wurde ebenfalls per Schiff transportiert. Der Ladevorgang im Hafen wurde mit aufgerichtetem Mast und Ladebaum mit der Schiffswinde durchgeführt. Wenn es sich um loses Stückgut handelte wurde dieses in Ladekörbe gehievt. Auf der Kaimauer standen die Pferdefuhrwerke mit den Holzwagen bereit, um die Güter zu transportieren.

Das Schifferleben war nicht einfach. Die Ewer hatten keinen Motor und wurden durch den Wind, mit Segeln angetrieben. Wenn kein Wind wehte mussten die Schifferleute rudern oder staken[39] und wenn

---

39 *Ein Staken bzw. eine Stake ist eine lange Stange, mit deren Hilfe insbesondere kleinere Wasserfahrzeuge wie Boote und Kähne auf Gewässern mit niedrigem*

das Schiff einen Fluss befuhr wurde getreidelt[40]. Das heißt das Schiff wurde an einem langem Seil mit einem Gurt daran von Zugtieren oder auch vom Schiffer oder der Schifferfrau gezogen, während ein anderer das Schiff stakte und steuerte. Von der Stör in die Wilster Au musste das Schiff durch die Deichschleuse gebracht werden. Das bedeutete der Mast mit all seinem Tauwerk wurde gelegt und im Hafen angekommen, musste der Mast wieder gestellt werden, damit man mit dem Ladebaum die Ladung aus dem Schiff heraus bekam.

Die Schiffe befuhren die Wilster-Au bis nach Burg in Dithmarschen, zurück auf die Stör über die Elbe nach Hamburg.

Baudenkmäler und Wohltäter

Das Alte Rathaus

Was ist in Wilster aus alter Zeit an Sehenswertem noch erhalten geblieben? Da ist zusammenfassend das prächtige Alte Rathaus[41] zu nennen, ein Renaissancebau von großer Schönheit. Es wurde laut inschriftlicher Datierung im Jahr 1585 errichtet. Es gehört zu den eindrucksvollsten Renaissancebauten in Schleswig- Holstein. Vergleichbare Rathäuser aus der zweiten Hälfte des 16. Jh. sind nur noch in Rendsburg und Krempe erhalten. Mit Hilfe des Kreises und des Landes Schleswig-Holstein hat Wilster das Gebäude in zwölfter Stunde (1913) gerettet. Eine hohe Halle, früher zur Lagerung von Kaufmannsgütern bestimmt, empfängt den Besucher. Zur Linken befinden sich drei zierliche Räume übereinander:

Die Ratsstube, früher vermutlich zugleich Ratstrinkstube, darüber der frühere Kämmerer- und nebst kleinem Archivraum (Heute Gildezimmer der Schützengilde) und oben neben dem altem Festsaal der Städtischen Geschlechter, die Gerichtsstube mit der Prachttür von 1600

Wasserstand durch Abstoßen vom Grund des Gewässers fortbewegt werden können. Die Tätigkeit wird staken oder stochern genannt.

40 *Treideln, auch Schiffziehen, Halferei, Recken, ist das Ziehen von Schiffen auf Wasserwegen durch Menschen oder Zugtiere.*

41 *Heinrich Schultz, Wilster, eine kurze Geschichte der Stadt und ihrer Baudenkmäler, Wilster 1932; siehe auch: W. Jensen, Wilster, in: Heimatbuch des Kreises Steinburg, Band II, Glückstadt 1926, S. 152ff.*

Oben links: Das Alte Rathaus von 1585, um 1870, Archiv der Stadt Wilster. Oben rechts: Prachttür im Alten Rathaus von 1600, 1912, Archiv der Stadt Wilster. Unten: St. Batholomäus-Kirche (Sonnin-Kirche) um 1900, Archiv der Stadt Wilster.

(Heute Teil der Doos'schen Bibliothek). Alles höchst stilvoll gehalten und auch geschmackvoll erneuert.

Links: Palais Doos (Das Neue Rathaus)von 1785/86, Foto: C. Pimmingstorfer, Privatarchiv Boldt. Rechts: „Spiegelsaal" im Palais Doos, Foto: C. Pimmingstorfer, 2013, Privatarchiv Boldt.

Die neue Kirche

Ernst Georg Sonnin, Baumeister und Erbauer der Hamburger St.-Michaelis-Kirche, errichtete in den Jahren 1775 bis 1780 im Zentrum Wilsters die neue Kirche, die als eines der prächtigsten Gotteshäuser im Lande gilt. Zwar erhielt sie nach St. Batholomäus ihren offiziellen Namen, doch vermochte sich dieser gegen die eingebürgerte Bezeichnung „Sonnin-Kirche" nicht durchzusetzen.[42] Eine riesige Halle, stellt das Ganze, über 2000 Sitzplätze aufweisende Bauwerk dar, eine evangelische Gemeinde- und protestantische Predigtkirche ohne irgendwelche störenden Säulen und Pfeiler, mit freischwingenden Doppelchören und einer in Holz ausgeführten Hängedecke, die noch heute das Staunen der Fachleute erregt.

42 *Zur Kirche vgl. Denny Krietzsch, Die Sonninkirche, in: Steinburger Jahrbuch 2014, S. 95-125; vgl. auch Die Sonninkirche zu Wilster. Festschrift zu ihrem 150jährigen Bestehen, der Kirchengemeinde Wilster, Wilster 1930.*

Links: Rathausgarten (Palais Doos) mit Figurengruppe aus Friedrichsruhe, Foto:
C. Pimmingstorfer, 2013, Privatarchiv Boldt. Rechts: Gemälde der Witwe Doose
im Palais Doos (Das Neue Rathaus), Foto: Privatarchiv Micheel.

Palais Doos

Es ist eines der stattlichsten Bürgerhäuser des späten 18. Jahrhunderts
in ganz Schleswig-Holstein. Das Palais wurde von 1785 bis 1786 im Auftrag des Kanzleirats Johann Hinrich Doos (1738–1804) als Wohnhaus
für sich und seine Familie errichtet. Der spätbarocke Bau aus Backstein
wurde als zweistöckiges Palais mit Mansarddach nach dem Vorbild des
Ahlefeldtschlosses in Pinneberg, der sogenannten Drostei, konzipiert.
Fast die gesamte Ausstattung mit Möbeln, Gemälden, Leuchtern und
den Statuen für den Gartenbereich erwarb der Bauherr Doos beim Aus-
verkauf des Friedrichsruher Herrensitzes. Diese Residenz im nicht weit
entfernten Drage war vom schleswig-holsteinischen Statthalter Friedrich Ernst von Brandenburg-Kulmbach bis 1751 erbaut worden und
blieb nach dessen Tode als hochverschuldetes Erbe zurück und wurde
1787 abgerissen.

1829 vererbte die Etatsrätin Doos das Bürgerhaus der Stadt Wilster
als Wohnung für die jeweiligen Bürgermeister sowie zur Unterbringung
der Stadtverwaltung. Heute ist dort die Stadtbücherei und das Stadtarchiv untergebracht und man nennt das Gebäude das „Neue Rathaus". In
dem historischen und reich verzierten Spiegelsaal veranstaltet die Stadtbücherei regelmäßig Lesungen mit bekannten Autoren.

Vor 90 Jahren würdigte Carl Zetsche den Prachtbau mit einer ausführlichen und reich bebilderten Monographie, in deren Vorwort das „köstliche Besitztum" wie folgt gepriesen wird: „Mit unendlicher Liebe und Sorgfalt, mit erlesenem Geschmack und erstaunlichem Reichtum ist der ganze Bau bis in die kleinsten Einzelheiten, bis in den letzten Winkel einheitlich durchgeführt. Die entzückende Mannigfaltigkeit der Formen ist noch gesteigert durch reizvolle Stilübergänge und Stilmischungen vom reifsten Rokoko bis zum Empire."[43]

Eine Wohltäterin der Stadt

Und alle diese Herrlichkeiten sind nicht etwa von den Stadtvätern im 18. Jahrhundert „bewilligt", sondern ein Geschenk an die Stadt von der 1829 verstorbenen Frau Etatsrätin Doos, die man mit Recht die große Wohltäterin Wilsters nennen darf. Ihr Grab finden wir im sogenannten Stadtpark, einem früheren Friedhof, der aber jetzt zu einem ruhigen, weltabgeschlossenen kleinen Erholungsplatz umgestaltet ist.

Ein quadratisches, gemauertes Grab mit einer schlichten Tafel nennt ihren Namen; ihr Denkmal ist das Palais Doos und waren die vielen Stiftungen für Schulen, Kirche und Bedürftige, die sie getroffen hatte, die aber leider, wie alles dieser Art, der Inflation zum Opfer gefallen sind.

Das Palais Michaelsen

Das am Markt – im Bereich der Einmündung der heutigen Sonnin Straße – Ende des achtzehnten Jahrhunderts errichtete Palais des Kanzleirates Michaelsen ist heute noch erhalten, nur steht es (im Gegensatz zu dem ehemals dem gesamten Anwesen zugehörigen Gartenhaus, dem Trichter) nicht mehr in Wilster. Der Kanzleirat Michaelsen war ein Schwager des Kanzleirates Doos, dessen Witwe später der Stadt Wilster unter anderem des sogenannte Neue Rathaus vermachte. Michaelsen war ebenfalls ein Freund prächtiger Bauten. Es ist zwar ungesichert – gilt aber als nicht unwahrscheinlich – dass Michaelsen bei Planung und Bau seines Palais den bekannten Baumeister Ernst Georg Sonnin heran-

43 *Carl Zetsche, Das Bürgermeisterhaus in Wilster, Berlin 1914, S.7.*

gezogen hat. Als Michaelsen 1797 starb, gelangte sein Palais im Erbgang an die Familie Doos, die es 1814 an die Stadt Wilster verschenkte. Da die Stadt keine geeignete Verwendung für das prächtige, jedoch aufwendig zu erhaltende Bauwerk fand, versteigerte sie es. Der begüterte Kaufmann C.H. Meyer erhielt den Zuschlag. Er ließ das Gebäude abbrechen und in Itzehoe in der Reichenstraße (Haus Nr. 41) wieder aufbauen, wo das unter Denkmalschutz stehende Gebäude heute noch steht.[44]

44 *Rudolf Irmisch, Geschichte der Stadt Itzehoe, Itzehoe 1960.*

Adolf Semler (1825–1899) – Ein Glückstädter mit Familiengeschichte in Schleswig-Holstein und Südtirol

Hans H. Reimer

Seit der Mitte des 19. Jahrhunderts wurden die Südtiroler Kurorte Meran und bald auch Gries bei Bozen zunehmend von Menschen aus dem deutschsprachigen Raum aufgesucht, die Erholung finden wollten oder sich Heilung von einem Leiden, zumindest dessen Linderung, erhofften, und es waren nicht wenige, die sich dabei entschlossen, auch dauerhaft in diesem Tiroler Land am Südrand der Alpen zu bleiben, sofern sie die nötigen Mittel dafür hatten. Zu jenen, die damals Meran als ihren ständigen Wohnort wählten, gehörten auch die Schleswig-Holsteiner Adolf Semler und seine Frau Elsabea Friederike, geborene Borgfeldt, die aus Glückstadt und Meldorf gebürtig waren.

Für die Südtiroler Bevölkerung war diese Entwicklung durchaus eine Herausforderung. Zwar war die Öffnung und Erschließung Südtirols für den Fremdenverkehr von hervorragender Bedeutung für das wirtschaftliche Aufblühen dieses Landes und im Grunde auch ganz und gar erwünscht, aber es war damit auch eine nicht zu leugnende Gefährdung der Identität von Bevölkerung und Heimat, vor allem aber Brauchtum und Glaube verbunden, da die Gäste ja in der Regel nicht nur eine andere gesellschaftliche, sondern vor allem eine gänzlich andere konfessionelle Prägung hatten als die der ausschließlich katholischen Südtiroler Bevölkerung. Besonders auf Seiten des katholischen Klerus stieß diese

Entwicklung darum auf mehr oder minder deutliche Ablehnung, denn man sah in ihr – grundsätzlich natürlich völlig zu Recht – eine ernsthafte Gefahr für die katholische Glaubenseinheit Tirols. Davon legen auch die Vorgänge um Adolf und Friederike Semler sowie deren wenig älterem Bruder Friedrich Borgfeldt – allesamt Gäste im Schnalstal – im Jahre 1878 ein beredtes Zeugnis ab.

Werbung für das Schnalstal

Friedrich Borgfeldt (1826–1884), in Meldorf geboren und ehemaliger Kirchspielvogt in Hemme, später in Reinbek bei Hamburg, war bereits seit 1875 aus gesundheitlichen Gründen mit seiner Frau Ida[1] dauerhaft in Meran ansässig[2] und hielt am Abend des 14. Dezember 1877 in der Meraner Sektion des Deutschen und Österreichischen Alpenvereins einen Vortrag über das von Meran aus gut zu erreichende Schnalstal, wo er sich im Sommer jenen Jahres einige Wochen aufgehalten hatte.

Friedrich Borgfeldt wusste an jenem Abend einen „höchst interessanten Vortrag" zu halten, indem er „in schwungvoller Weise die herrlichen Naturschönheiten dieses noch immer nicht genug gewürdigten Seitenthales des Vintschgau beschrieb und durch das Feuer seiner Rede … den lebhaftesten Beifall hervorrief."[3] Außerdem erschien sein Vortrag Anfang März 1878 auch noch im Druck.[4]

---

1   Vgl. Reimer, Hans H.: Ida Borgfeldt, geborene Nissen (1838–1908). Eine Nordfriesin in Meran. In: Nordfriesisches Jahrbuch 2013, hg. v. Nordfriisk Instituut Bredstedt, Bredstedt 2012, S. 25-32.

2   Vgl. Reimer, Hans H.: Grödner Dank für norddeutsche Spenden. Friedrich Borgfeldt und die Hochwasserkatastrophe 1882 in Südtirol. In: Der Schlern. Monatszeitschrift für Südtiroler Landeskunde, 85. Jahrgang, Heft 2, Bozen 2011, S. 8.

3   Meraner Zeitung Nr. 101 vom 19. Dezember 1877, S. 4.

4   Die Broschüre mit 16 Seiten Umfang trug den Titel „Das Schnalser Thal. Vortrag von F. Borgfeldt, gehalten in der Sitzung der Section Meran d. deutsch. u. österr. Alpenvereins am 14. December 1877, Meran 1878." Sie wurde für 30 Kreuzer verkauft. Der Reinertrag war – passend zur Intention des Vortrags – für die Schnalser Wegebaukasse bestimmt.

Angesichts dessen verwundert es nicht, dass dieser Vortrag auch in seiner Familie Beachtung fand. Denn er hatte darin in überzeugender Weise dafür geworben, „daß das schöne, herrliche Schnalser Thal noch viel mehr besucht werde"[5] und dass es besonders vor seinem nördlichen Talschluss „ein Platz" sei, „wo ein krankes Gemüth gesunden, ein schwacher Körper seine Nerven stärken und in der ätherischen Wald- und Gebirgsluft wieder Kraft sammeln kann".[6] Wahrscheinlich wird er darum seinem Schwager Adolf Semler nachdrücklich empfohlen haben, mit seiner kränkelnden Frau Friederike im Juni 1878 nicht in Meran, sondern in der unberührten Natur des Schnalstales Erholung und gesundheitliche Besserung zu suchen.

Zur Herkunft von Adolf Semler

Adolf (Adolph) Semler lebte zu jener Zeit mit seiner Familie in Potsdam, war aber in Glückstadt am 22. September 1825 als Sohn des Ernst Christoph Julius Semler (1784–1841) und dessen Ehefrau Wilhelmine Auguste Amalie Flentje (1801–1842) zur Welt gekommen. Er wurde am 30. Oktober 1825 in der evangelisch-lutherischen Stadtkirche auf die Namen Ingwer Ernst Conrad Adolph getauft, wobei er Paten mit wohlklingenden Titeln und herausragenden Funktionen sowie drei von deren Namen bekam[7]: Das Patenamt übernahmen der „Conferenzrath" Ingwer Karsten Levsen (1762–1840)[8], der Justizrat und Stadtpräsident

---

5 *Borgfeldt 1878, S. 16.*
6 *Borgfeldt 1878, S. 12.*
7 *Vgl. Taufregister der Evangelisch-Lutherischen Kirchengemeinde Glückstadt 1825 / Nr. 127.*
8 *Vgl. auch Halling, Adolph: Säkular-Feier der Stadt- und Landgemeinde Glückstadt 1901. Glückstadt o. J., S. 65: Ingwer Carsten Levsen hatte in Kiel Jura studiert; „1802 wurde er achter Rat bei der Holsteinischen Regierung in Glückstadt, rückte 1824 zum Landkanzler, 1825 zum Vicekanzler und ... 1834 zum Direktor des Glückstädter Obergerichts auf. Levsen war ein ungewöhnlich tüchtiger Beamter und erhielt eine Reihe von Auszeichnungen", zu denen auch 1821 die zum „Conferenzrath" gehörte.*

Johann Ernst Seidel (1765–1832)[9] sowie der titellose, jedoch als Kaufmann angesehene Conrad Löhmann (1767–1830)[10], der Am Markt 110 (heute: Am Markt 9) als „Leinhändler en gros"[11] ein Geschäft führte. Allein schon an dieser Auswahl der Taufpaten lässt sich erkennen, dass die Familie Semler in Glückstadt nicht nur gesellschaftlich gut integriert, sondern auch sehr anerkannt gewesen sein dürfte.

9 *In der Zeit von 1662 bis 1869 wurde der Erste Bürgermeister der Stadt Glückstadt „Stadtpräsident" genannt; Johann Ernst Seidel, ein Jurist, nahm dieses Amt nach seiner Ernennung durch den dänischen König Friedrich VI. von 1812 bis zu seinem Tode 1832 wahr, vgl. Köhn, Gerhard / Offen, Heinrich / Still, Nicoline: Die Stadtsekretäre, Bürgermeister und Stadtpräsidenten in Glückstadt von der Gründung 1617 bis zur Gegenwart. In: Glückstadt im Wandel der Zeiten, hg. von der Stadt Glückstadt, Band 3, Glückstadt 1968, S. 285, und Halling o. J., S. 69.*

10 *Christian Conrad Hinrich Löhmann wurde am 30. Januar 1767 in Glückstadt geboren, vgl. Taufregister der Evangelisch-Lutherischen Kirchengemeinde Glückstadt 1767 / Nr. 4, und starb dort am 7. Juni 1830, vgl. Halling o. J., S. 32. Er war in den Jahren 1801–1809 einer der Kirchenjuraten in Glückstadt, also derjenigen eigens dazu vereidigten vier Männer, die – meist ehrenamtlich oder gegen geringe Entlohnung – im Auftrag des Magistrats die Rechnungsführung und damit die Verwaltung des Geldes der Kirchengemeinde wahrnahmen sowie die Aufsicht über die kirchlichen Gebäude und Liegenschaften führten. Außerdem war er einer der sieben Mitglieder, die 1824 zur Linderung der Not in der Bevölkerung die Glückstädter Sparkasse als milde Stiftung gründeten, vgl. Halling o. J., S. 21, 31 f., 82; Asmussen, Karl: Das Wirtschaftsleben und die Bevölkerung Glückstadts von der Gründung bis 1869. In: Glückstadt im Wandel der Zeiten, hg. von der Stadt Glückstadt, Band 2, Glückstadt 1966, S. 221.*

11 *Vgl. Bogs, Holger / Gehrmann, Rolf / Möller, Reimer / Lorenzen-Schmidt, Klaus-J.: Einwohnerbuch der Stadt Glückstadt 1803, hg. vom Arbeitskreis für Wirtschafts- und Sozialgeschichte Schleswig-Holsteins. Quellen zur Wirtschafts- und Sozialgeschichte Schleswig-Holsteins, Band 3, Kiel 1998, S. 115 und S. 220.*

Die Vorfahren von Adolf Semler in Thüringen und Schleswig-Holstein.

Der Name „Semler", der sich von einem Berufsnamen herleitet und den „Weißbrotbäcker" bezeichnete, ist seit dem 13. Jahrhundert in verschiedenen Gebieten Deutschlands nachweisbar.[12] In Verbindung mit den Vorfahren Adolf Semlers ist er erstmals im 16. Jahrhundert zu belegen.

In der kleinen Stadt Schkölen im äußersten Nordosten von Thüringen, wo es schon seit dem Frühmittelalter eine öffentliche Gerichtsbarkeit gab[13], wurde dem Richter

Johann Semler

und seiner Frau Ursula Crimmel aus dem nahe gelegenen Ort Meyhen im Jahre 1599 der Sohn

Johann Semler (1599–1671)

geboren. Die Eltern waren – da auch in jenem Gebiet lutherische Lehre längst Fuß gefasst hatte – wahrscheinlich evangelischer Konfession; dennoch ließ sich ihr Sohn am Vorabend des Pfingstfestes 1624 in Erfurt zum katholischen Priester weihen, konvertierte dann aber nach Ende des 30jährigen Krieges (1618–1648) im Jahre 1649 in Gotha zur lutherischen Kirche und wurde 1650 evangelischer Pfarrer im Kirchdorf Trügleben (Thüringen).[14]

---

12 Vgl. Duden. Familiennamen. Herkunft und Bedeutung, bearbeitet von Rosa und Volker Kohlheim, Mannheim 2005, S. 618.

13 Vgl. Frank, Fritz: Chronik der Stadt Schkölen. Von den Anfängen bis zum Jahr 1990. Zusammengestellt nach der Chronik des Lehrers Emil Ulrici und anderen heimatgeschichtlichen Veröffentlichungen, Schkölen 1990, S. 29 und 56.

14 Vgl. dazu Thüringer Pfarrerbuch, hg. von der Gesellschaft für Thüringische Kirchengeschichte, Band 1: Herzogtum Gotha, bearbeitet von Bernhard Möller u.a., Schriftenreihe der Stiftung Stoye, Band 26, Neustadt an der Aisch 1995, S. 619.

Im Folgejahr heiratete er Anna Barbara Meusemann[15], und im Jahre 1660 wurde ihnen als zweites Kind der Sohn

Johann Ernst Semler (1660–1714)

in Trügleben geboren.[16] Dieser Sohn war zunächst „Schulpräceptor"[17] in Kranichfeld (Thüringen), ab 1695 dann aber evangelischer Pfarrer im benachbarten Marktflecken Treppendorf. Dort wurde – und zwar bereits 1684 – sein Sohn Matthias Nicolaus Semler (1684–1755)[18] geboren, und in Treppendorf kam 1699 auch der Sohn

15 *Die Ehe wurde am 3. Februar 1651 in der Augustinerkirche in Gotha geschlossen; seine Frau war die Tochter des Bürgermeisters (1641) Johann Meusemann (1581–1669) und dessen Frau Anna Thilo (1592–1636) in Gotha, vgl. Eintrag im Trauregister der Evangelisch-Lutherischen Stadtkirchgemeinde Gotha / Augustinerkirche 1651, S. 340. In der Friedensteinschen Kammerrechnung 1650 / 51 Bl. 58 VS im Thüringischen Staatsarchiv Gotha ist unter der Rubrik „Gnädigste Verehrungen" vermerkt, dass Johann Semler anlässlich seiner Hochzeit ein Geldgeschenk von 6 Talern und 18 Groschen von Herzog Ernst I. dem Frommen (1601–1675), seit 1640 Herzog von Sachsen-Gotha mit Residenz in Gotha, vermacht wurde.*

16 *Vgl. Thüringer Pfarrerbuch 1995, S. 619.*

17 *Pfarrerkartei im Landeskirchenarchiv Eisenach der Evangelischen Kirche in Mitteldeutschland; Praeceptor, auch Präceptor oder Präzeptor, bezeichnet den Lehrer, oft auch den Lehrer in der Unterstufe höherer Schulen.*

18 *Vgl. dazu Thüringer Pfarrerbuch 1995, S. 619: Matthias Nicolaus Semler war 1711 Feldprediger in Italien, ab 1714 Diaconus (Zweiter oder Dritter Pfarrer) in Zella St. Blasii (Thüringen) und Pfarrer in Oberhof (Thüringen), ab 1718 Diaconus und ab 1727 Archidiaconus (Zweiter Pfarrer) in Saalfeld an der Saale (Thüringen), nahm dort 1732 auf dem Marktplatz nach Ostpreußen durchziehende, protestantische Salzburger Emigranten, die der Salzburger Erzbischof aus seinem Fürsterzbistum ausgewiesen hatte, in Empfang (abgebildet auf einem Notgeldschein über 75 Pfennig für Saalfeld vom 1. August 1921) und wurde schließlich 1755 noch Superintendent in Saalfeld. Er war der Vater – und sein jüngerer Bruder Johann Ernst Semler damit der Onkel – des bedeutenden Theologen Johann Salomo Semler (1725–1791),*

Johann Ernst Semler (1699–1755)

zur Welt, bei dessen Geburt am 10. März der Vater dem Eintrag in das Taufregister den Wunsch hinzufügte: „Gott gebe Gnade zu deßen guten [sic!] Auferziehung."[19] Als der Vater 1714 plötzlich starb[20], dokumentierte eine eilends vom ältesten Sohn verfasste und in Rudolstadt (Thüringen) gedruckte Leichenpredigt das hohe Ansehen des Verstorbenen in Treppendorf.

Der Pfarrerssohn Johann Ernst Semler aus Treppendorf kam im Jahre „1729 nach vorgängiger Recomendation [i. e. Empfehlung] von Rostock ... nach Kiel"[21], um dort eine Stelle als „Concert Violiniste"[22] im herzoglichen Orchester am Hof von Carl Friedrich (1700–1739), Herzog von Schleswig-Holstein-Gottorf, anzutreten. 1736 ernannte der Herzog ihn zum Kapellmeister, 1738 zum „Director Musices"[23],

ab 1753 Professor an der Universität in Halle (Saale), den Albert Schweitzer in seinem Werk „Geschichte der Leben-Jesu-Forschung", 6. Auflage 1951, S. 26, als „Vorkämpfer für die historische Auffassung des Kanons" bezeichnete. Denn Johann Salomo Semler, der ein entschiedener Gegner des am Saalfelder Hof praktizierten Pietismus war, begründete das Verständnis der Theologie als Fachwissenschaft und kam so zu einem streng historischen Verständnis der Bibel, die für ihn das menschlich-geschichtliche Zeugnis der Offenbarung Gottes war.

19 *Taufregister 1659–1789 der Evangelisch-Lutherischen Kirchgemeinde Treppendorf, S. 24, Eintrag vom 15. März 1699. Treppendorf ist heute ein Ortsteil der Einheitsgemeinde Remda-Teichel im Landkreis Saalfeld-Rudolstadt in Thüringen.*

20 *Vgl. Begräbnisregister von Treppendorf 1659–1789, S. 14, Eintrag vom 15. August 1714.*

21 *Schreiben von Johann Ernst Semler vom 18. Februar 1736, Landesarchiv Schleswig-Holstein, Abteilung 8.2, Nr. 1765.*

22 *Schreiben von Johann Ernst Semler vom 18. Februar 1736.*

23 *Schreiben des Sohnes Johann Julius Semler vom 20. August 1766, Landesarchiv Schleswig-Holstein, Abteilung 8.2, Nr. 1765. Diese Ernennung stellte eine Beförderung dar und ging darauf zurück, dass zuvor das 1710 zum Fürstentum erhobene Schwarzburg-Rudolstadt mit Residenz in Rudolstadt*

und unter dessen ab 1739 regierenden Sohn Herzog Carl Peter Ulrich von Schleswig-Holstein-Gottorf (1728–1762) nannte er sich dann „Großfürstlicher Directore Musices".[24] Als solcher erscheint er jedenfalls auch auf dem Titelblatt seiner Kantate „Freudiges Lobopfer des Holsteinischen Zions".[25] Er komponierte und veröffentlichte sie 1754 aus Anlass der Geburt von Paul (1754–1801)[26], dem Sohn seines im

> Johann Ernst Semler als Musiker am Hof hatte gewinnen wollen. Weil „ich mehr als noch einmahl so viel haben konnte", aber vielleicht auch, weil er so in seine thüringische Heimat hätte zurückkehren können, „bath ich in aller unterthänigkeit um meine Entlassung, aber ich bekam eine Gnädige Antwordt" – eben die Beförderung – und blieb, so Johann Ernst Semler in seinem Schreiben vom 25. November 1739, Landesarchiv Schleswig-Holstein, Abteilung 8.2, Nr. 1765.

24 *Beckmann, Sabine / Klöker, Martin (Hg.) unter Mitarbeit von Stefan Anders: Handbuch des personalen Gelegenheitsschrifttums in europäischen Bibliotheken und Archiven, hg. von Klaus Garber, Band 12, Teil 1, Hildesheim-Zürich-New York 2004, S. 202.*

25 *Der vollständige Titel der Kantate lautet: „Freudiges Lobopfer des Holsteinischen Zions / für den / Ihro Kaiserlichen Hoheit / dem Durchlauchtigsten Fürsten und Herrn, / Herrn Peter, / Grosfürsten aller Reussen, / Erben zu Norwegen, regierenden Herzog zu Schleswig, / Holstein, Stormarn und der Dithmarschen, Grafen zu / Oldenburg und Delmenhorst etc. / wie auch / Ihro Kaiserlichen Hoheit / der Durchlauchtigsten Fürstinn und Frau / Frauen Catharinen, Grosfürstinn aller Reussen, Herzoginn zu Schleswig, Holstein, Stormarn und der / Dithmarschen, Gräfinn zu Oldenburg und Delmenhorst, / gebohrnen Fürstinn zu Anhalt, etc. / von Gott geschenkten / Durchlauchtigsten Erbprinzen / an einem gedoppelten Dankfeste / in einer Cantate dargebracht / von der Grosfürstlichen Hof-Capelle / durch / Johann Ernst Semler, / Grosfürstlichen Directore Musices. / KIEL, gedruckt bey Gottfried Bartsch, Acad. Buchdr.", vgl. Gersdorff, Wolfgang von: Geschichte des Theaters in Kiel unter den Herzogen zu Holstein-Gottorp. In: Mitteilungen der Gesellschaft für Kieler Stadtgeschichte, 27stes und 28stes Heft, Kiel 1912, S. 268 f.*

26 *Nach dem Tod seiner Mutter, der späteren Zarin Katharina II. von Russland, genannt die Große, wurde er 1796 Zar Paul I. von Russland, aber bereits*

Kieler Schloss residierenden Landesherrn Herzog Carl Peter Ulrich, der 1762 als Zar Peter III. den russischen Thron bestieg.[27] Die Aufführung der Kantate „mit hiesiger großfürstlicher Kapelle und dazu gehörigen Musikern am 5. Mai [sc. 1755] … in der Klosterkirche und am 9. Mai [sc. 1755] in der Nikolaikirche"[28] in Kiel wurde von der Kieler Stadtkämmerei eigens mittels Vertrag mit dem Komponisten vereinbart; die Noten sind in der Akademischen Bibliothek Lettlands in Riga erhalten.[29]

Johann Ernst Semler hatte nach vorangegangener Proklamation in Kiel[30] am 23. November 1735 in Rensefeld, einem heutigen Ortsteil von Bad Schwartau, Dorothea Elisabeth Oehlschläger, die Tochter des dortigen Organisten, geheiratet.[31] Sechs, möglicherweise sieben[32]

1801 von Verschwörern aus Kreisen des Adels ermordet.

27 *Die Herrschaft dieses aus Schleswig-Holstein gebürtigen russischen Zaren, der mit großem Reformeifer regierte, währte allerdings nur sechs Monate; im Juli 1762 wurde er – sehr wahrscheinlich im Auftrag seiner Ehefrau, der späteren Zarin Katharina II., die selbst auf den Thron gelangen wollte – unter letztlich ungeklärten Umständen ermordet.*

28 *Gersdorff 1912, S. 268.*

29 *Vgl. Beckmann, Sabine / Klöker, Martin (Hg.) 2004, S. 202.*

30 *Vgl. Kirchenbuch / Trauungen in der Schlossgemeinde zu Kiel 1735 / S. 6, wo eingetragen ist, dass die Ehe des „hoch.fürstl. Concert Meisters Johann Ernst Semler mit Jungf. Dorothea Elisabeth Oelschlägerin" am 13. November 1735 zum ersten Mal „proclamiert worden" sei.*

31 *Vgl. Trauregister der Evangelisch-Lutherischen Kirchengemeinde Rensefeld 1735, S. 215 / o. Nr.; sie wurde dort auch am 12. September 1710 geboren, vgl. Taufregister der Evangelisch-Lutherischen Kirchengemeinde Rensefeld 1710, S. 44 / o. Nr.. Im Taufregister der Evangelisch-Lutherischen Kirchengemeinde Itzehoe 1782, S. 538 / 78, im Auszug im Stadtarchiv Itzehoe, Abteilung 97, Nr. 17, S. 1, wird Dorothea Elisabeth Semler noch als in Kiel wohnhafte Patin erwähnt, ihr Sterbedatum und der Sterbeort waren jedoch in den in Frage kommenden Kirchenbüchern nicht zu ermitteln.*

32 *Im Kirchenbuch / Taufen in der Schlossgemeinde zu Kiel 1735 / S. 14, findet sich der Eintrag, dass „am andren Pfingst-Tage [sc. 30. Mai 1735] … der*

Kinder gingen aus dieser Verbindung hervor.[33] Im Jahre 1755 – erst 56 Jahre alt – starb Johann Ernst Semler.[34] Er wurde der „Stammvater einer weitverzweigten Musikerfamilie, die Stadtmusikanten- und Organistenämter von Glückstadt bis nach Tondern bekleidete und dabei zum Teil einen hervorragenden Ruf genoß."[35]

Sein ältester Sohn Johann Julius Semler (1726–1795)[36] „[bereiste] als junger Mann ... als Violinist einen Teil Europas und spielte ... an

Herr Capell-Meister Semler sein Söhnl. [hat] taufen lassen, welches bald hernach seelig verschieden"; ob Dorothea Elisabeth Oehlschläger die Mutter dieses fast sechs Monate vor der Heirat getauften und bald danach gestorbenen, namenlosen Kindes war, konnte nicht ermittelt werden.

33 *Weitere Kinder waren der am 26. September 1738 getaufte – und an demselben Tage geborene – Sohn Ernst Christoph, vgl. Kirchenbuch / Taufen in der Schlossgemeinde zu Kiel 1738 / S. 74, die am 24. Januar 1741 getaufte Tochter Magdalena Elisabeth, vgl. ebd. 1741 / S. 103 f., der am 14. Februar 1743 getaufte Sohn Gottlieb Christoph, vgl. ebd. 1743 / S. 125, der am 14. April 1745 getaufte Sohn Georg Joachim Ludewig, vgl. ebd. 1745 / S. 138, die am 14. März 1748 getaufte Tochter Christina Augusta, vgl. ebd. 1748 / S. 157, und der am 20. März 1750 getaufte Sohn Carl Matthias, vgl. ebd. 1750 / S. 172.*

34 *Vgl. Schreiben des Sohnes Johann Julius Semler vom 20. August 1766; das genaue Sterbedatum und auch der Sterbeort – vermutlich Kiel – ließen sich nicht ermitteln, weil die Kirchenbücher über Beerdigungen in der Schlossgemeinde zu Kiel nicht (mehr) existieren.*

35 *Soll, Mirko: Verrechtlichte Musik: Die Stadtmusikanten der Herzogtümer Schleswig und Holstein. Eine Untersuchung aufgrund archivalischer Quellen. In: Kieler Studien zur Volkskunde und Kulturgeschichte, hg. vom Seminar für Europäische Ethnologie / Volkskunde der Universität Kiel, Band 5, Münster-New York-München-Berlin 2006, S. 266.*

36 *Das Geburtsjahr lässt sich mit der Altersangabe errechnen, die sich beim Eintrag seines Todes findet, vgl. Todtenregister der Evangelisch-Lutherischen Kirchengemeinde Grube 1795 / Nr. 36; das genaue Geburtsdatum war jedoch ebenso wenig zu ermitteln wie der Geburtsort. Da eine Eheschließung des Vaters erst für das Jahr 1735 dokumentiert ist, muss der Sohn Johann Julius*

Königs- und Fürstenhöfen ... in Paris, London und Wien"[37], war danach als Violinist an den Höfen in Plön[38] und Kopenhagen, reiste vergeblich nach St. Petersburg[39], privatisierte einige Jahre in Hamburg, bekam 1771 noch einmal eine Anstellung als Musiker am Königshof in Kopenhagen und versah schließlich – erkrankt und gealtert – ab 1781 das damals noch in einer Person vereinigte Amt des Küsters,

das Kind aus einer vorangegangenen Ehe – die namentlich nicht bekannte Mutter wäre dann gestorben – oder nicht ehelich geboren sein.

37 *Engling, Herbert: Der herzogliche Musikus und Konzertviolinist Johann Julius Semler. In: Jahrbuch für Heimatkunde im Kreis Plön-Holstein, 1. Jahrgang, Eutin 1971, S. 159.*

38 *Vgl. Engling 1971, S. 160: Dort „heiratete er am 4. November 1755 in der Hofkapelle die Jungfer Anna Juliana Elisabeth Scheidemann" (1734–1804), deren Vater als „herzoglicher Kunstmeister" für die Wasserversorgung des herzoglichen Schlosses in Plön und der Gartenanlagen verantwortlich war; vgl. auch Kirchenbuch / Trauungen in der Schlosskirche zu Plön 1755 / S. 9.*

39 *Vgl. dazu Jöns, H. J.: Semlers Jubelfeier / Semlers Reden. In: Schleswig-Holsteinisches Schulblatt, eine Quartalschrift für Stadt- und Landschulen, hg. von C. Chr. Cadey unter Mitwirkung von H. F. Langfeldt und A. Nissen, Oldenburg in Holstein 1841, Heft 4, S. 83: Er „wagte ..., unter den schönsten Aussichten, eine höchst beschwerliche Reise nach St. Petersburg; traf aber leider den unglücklichen Zeitpunkt der Dethronisirung Kaiser [i. e. Zar] Peter des 3ten [sc. Juli 1762]. Von da ging es also nothgedrungen wieder mit ihm zurück".*

Organisten und Schulmeisters im Kirchspiel Grube.[40] Er starb dort am 24. März 1795.[41]

Der in Kiel geborene Sohn Gottlieb Christoph[er] Semler (1743–1810) war ab 1789 Stadtmusikus in Itzehoe[42], wo mit ihm eine starke Präsenz der Semlers in dieser Kleinstadt begann.[43]Er begründete dort nun seinerseits eine Musikerdynastie, denn nach seinem Tod übernahm 1810 sein Sohn Paul Julius Ernst Semler (1780–1827) das Amt des Itzehoer Stadtmusikus[44], und ihm folgte 1827 in gleicher Funk-

40 Vgl. Engling 1971, S. 161; er konnte dort – wie es an gleicher Stelle heißt – „die Hilfe seines Sohnes Carl Heinrich Anton [richtig: August] bei der Durchführung seiner Amtsgeschäfte als Küster, Organist und Kirchspielschulmeister in Anspruch ... nehmen", der vertretungsweise schon ab 1791, endgültig dann ab 1795 seinem Vater in dessen Amt folgte und „als einer der fortschrittlichsten Landschullehrer im ostholsteinischen Raum galt." Carl Heinrich August Semler (1767–1846) konnte somit am 29. Oktober 1841 unter großer öffentlicher Anteilnahme und mit Entgegennahme vieler Auszeichnungen sein 50jähriges Dienstjubiläum in Grube begehen, vgl. dazu auch Jöns, H. J. 1841, S. 69–102.

41 Vgl. Todtenregister der Evangelisch-Lutherischen Kirchengemeinde Grube 1795 / Nr. 36.

42 Gottlieb Christoph Semler hatte sich davor schon um das Amt des Stadtmusikanten in Kiel beworben, wurde aber in einer „Pro Memoria" [i. e. Eingabe] des Magistrats an das Königliche Oberpräsidium zu Kiel vom 27. Mai 1785 nicht zur Anstellung empfohlen, weil er sich wegen des Todes seiner Frau bislang nicht vorgestellt hatte und weil „seine Figur und verwachsener Körper zu einem Bedenken Veranlassung geben möchte", vgl. Akte Nr. 6960 im Stadtarchiv Kiel.

43 In den Kirchenbüchern der Evangelisch-Lutherischen Kirchengemeinde Itzehoe finden sich im Zeitraum von 1779 bis 1918 insgesamt 54 Eintragungen über eine Taufe, Trauung oder Beerdigung von Personen, die zur Familie Semler gehörten, vgl. Auszug im Stadtarchiv Itzehoe, Abteilung 97, Nr. 17.

44 Als Paul Julius Ernst Semler am 21. März 1827 starb, beschrieb ein Nachruf im Königlich privilegirten gemeinnützigen, unterhaltenden Wochenblatt für Itzehoe und die Umgegend, № 12 vom 24. März 1827, S. 151, ihn als den

tion wiederum sein Sohn Carl Heinrich Wilhelm Semler, der 1851 in Itzehoe ein auf beachtlich hohem Niveau spielendes, bis 1939 unter dem Namen „Semlersche Kapelle" bestehendes Orchester gründete, dann aber 1869 als Musiklehrer nach Hamburg ging.[45]

Der ebenfalls in Kiel geborene Sohn

Georg Joachim Lud[e]wig Semler (1745–1830)

war seit 1776 Organist in dem kleinen, auf der Halbinsel Eiderstedt gelegenen Kirchspiel Tating[46] und erlangte 1792 die Stelle des Stadtmusikus in Glückstadt[47], wo man ab 1793 das Amt des Organisten an der Stadtkirche – bis 1792 waren die Organisten zugleich Lehrer gewesen – mit seinem Amt als Stadtmusikus verband.[48]

„Tonkundigen, der den Gesang so leidenschaftlich liebte, der ganz von seinem Berufe lebte und ein Lehrer der Musik war von seltnem Eifer, den Alle, welche ihn kannten, schätzten und liebten, und um dessen frühen Verlust wir Alle trauern mit der tiefgebeugten Mutter seiner 9 verlassenen Kinder."

45 *Vgl. Gloyer, Heinrich: Die Semlersche Kapelle in Itzehoe – Ich machte da noch mit. In: Steinburger Jahrbuch 1987, 31. Jahrgang, Itzehoe 1986, S. 279: Der Weggang erfolgte, weil „durch Gesetz vom 21.6.69 [sc. 1869] die allgemeine Gewerbefreiheit eingeführt wurde und damit die Privilegien des Stadtmusikanten entfielen".*

46 *Er heiratete dort am 13. Juni 1777 die 1760 geborene Maria Dorothea Ahnesorge, die Tochter des Organisten und Komponisten Christian Gottlieb Ahnesorge (1734–1804) in Wesselburen, vgl. Trauregister der Evangelisch-Lutherischen Kirchengemeinde Tating 1777 / Nr. 7. Nach Soll 2006, S. 462, hatte Georg Joachim Ludwig Semler dort in Wesselburen seine Lehre absolviert und seine Ausbildung zum Organisten und Stadtmusikanten erhalten.*

47 *Vgl. dazu Soll 2006, S. 208: Der Vorgänger hatte 1790 seinen Dienst „offenbar heimlich und ohne Erlaubnis des Magistrats" beendet; „der Glückstädter Magistrat gab schließlich die Hoffnung auf, seinen Stadtmusikanten zur Rückkehr zu bewegen und vergab den Posten ... an den Organisten Semler aus Tating."*

48 *Vgl. Chronik der Kirchengemeinde Glückstadt, Nachlass des Pastors und Propsten Johannes Peter Jacobsen, 1941 ergänzt von Pastor i. R. Emil Holst,*

Aus der Ehe des Letztgenannten gingen – soweit zu ermitteln – vier musikalisch anscheinend besonders begabte Söhne hervor: Zunächst wurde Johann Gottlieb Ludwig 1779 in Tating geboren[49], der schon als Sechsjähriger mit seinem Vater in Kiel ein Klavierkonzert gab[50]; der zweite Sohn

Ernst [Ernestus] Christoph[er] Julius Semler (1784–1841)

wurde am 19. Februar 1784 in Tating geboren[51], er erhielt eine Ausbildung zum Stadtmusikus; im Jahre 1789 folgte – ebenfalls in Tating – der Sohn Christian Gottlieb (1789–1847)[52], der später, nämlich ab 1823, Stadtmusikus in Tondern[53] war, und schließlich kam in Tating

S. 195, und Halling o. J., S. 26; solche Zusammenlegungen erfolgten damals vielerorts, sie waren eine Folge städtischer Sparmaßnahmen.

49 Vgl. Taufregister der Evangelisch-Lutherischen Kirchengemeinde Tating 1779 / Nr. 18.

50 Vgl. Soll 2006, S. 233; der Auftritt dieses „Wunderknaben" musste ausdrücklich vom Königlichen Oberpräsidium zu Kiel mit Schreiben vom 14. Januar 1787 genehmigt werden, was im Stadtarchiv Kiel in der Akte Nr. 2923 noch nachzulesen ist: „Dem Organisten zu Tating, im Eyderstädtischen, Hr. Semler, wird hiermit die Erlaubniß gegeben, seinen Sechsjährigen Sohn öffentlich für Geld aufs Klavier hören zu lassen; dazu einen Tag in der nächstkünftigen Woche zu nehmen". Johann Gottlieb Ludwig Semler wird in der Datenbank Folketællinger på Internettet unter http://www.ddd.dda.dk/ddd-tysk/ddd. htm Itzehoe, FT-1803, C1597, dann noch einmal im Jahre 1803 als 24jähriger Geselle – neben seinem Bruder Ernst Christoph Julius als Lehrling – in der Ausbildung zum Stadtmusikanten bei seinem Onkel Gottlieb Christoph Semler in Itzehoe erwähnt. Sein weiterer Lebensweg war allerdings nicht aufzuklären.

51 Vgl. Taufregister der Evangelisch-Lutherischen Kirchengemeinde Tating 1784 / Nr. 6.

52 Vgl. Taufregister der Evangelisch-Lutherischen Kirchengemeinde Tating 1789 / Nr. 10.

53 Vgl. Soll 2006, S. 466.

1792 auch noch die Tochter Dorothea Elisabeth zur Welt[54]; der vierte musikalisch begabte Sohn Georg Joachim Ludwig wurde erst 1796 in Glückstadt geboren[55] und erscheint 1819 als Lehrling des Stadtmusikus in Eutin.[56]

Ernst Christoph Julius Semler war der Vater von

Ingwer Ernst Conrad Adolph Semler (1825–1899).

Die Eltern von Adolf Semler hatten am 1. Mai 1821 in Glückstadt geheiratet.[57] Die Mutter kam aus einer Handwerkerfamilie, ihr Vater war Tischlermeister in Itzehoe; der Vater Ernst Christoph Julius Semler war 1792 als Achtjähriger mit seinen Eltern nach Glückstadt gekommen und hatte – wahrscheinlich gleich nach seiner Konfirmation am Palmsonntag 1800[58] – bei seinem Onkel Gottlieb Christoph Semler in Itzehoe eine Lehre beziehungsweise die Ausbildung zum

54 Vgl. Taufregister der Evangelisch-Lutherischen Kirchengemeinde Tating 1792 / Nr. 24.

55 Vgl. Taufregister der Evangelisch-Lutherischen Kirchengemeinde Glückstadt 1796 / Nr. 21, wonach er am 10. März 1796 geboren wurde; ein weiteres in Glückstadt geborenes Kind und damit die jüngste Schwester des Vaters von Adolf Semler war Anna Catharina [Catrina] Dorothea Semler, geboren am 13. Dezember 1798, vgl. Taufregister der Evangelisch-Lutherischen Kirchengemeinde Glückstadt 1798 / Nr. 106.

56 Vgl. Volkszählung des Fürstentums Lübeck 1819, Haushalt / Familie Nr. 297 aus Eutin, im Internet unter http://www.aggsh.de/german/publication/luebeck1819/haushaltausgabe.php?detail_id...; im Jahre 1855 taucht der nicht verheiratete Georg Joachim Ludwig Semler mit der Berufsbezeichnung „Musicus" als Bewohner in der Irrenanstalt bei Schleswig für „Gemüthskranke männlichen Geschlechts" auf, vgl. http://www.aggsh.de/german/projects/vz/search.php, Id. Nr. 5979.

57 Vgl. Copulationsregister der Evangelisch-Lutherischen Kirchengemeinde Glückstadt 1821 / Nr. 14.

58 Vgl. Witt, Johann Gottfried: Säcular-Feyer der Stadt- und Landgemeine zu Glückstadt 1801. Glückstadt o. J., S. 41.

Das Wohnhaus der Familie Semler und zugleich Geburtshaus von Adolf Sem-
ler in Glückstadt im Jahre 1895 (erstes Haus rechts neben dem Gymnasium in
der Bildmitte). Fotografie von C. J. Schweim, Glückstadt, 1895; Stadtarchiv im
Detlefsen-Museum Glückstadt.

Stadtmusikus[59] begonnen. Da die „Lehrzeit in der Regel zwischen fünf und sechs Jahre[n]"[60] dauerte, wird er wahrscheinlich 1806 – vielleicht aber auch erst später – nach Glückstadt zurückgekehrt sein, wo im Jahre 1821 sein Beruf noch mit Musiklehrer[61] angegeben wird; 1825 aber übernahm er das Amt seines Vaters und wurde Stadtmusikusl[62] sowie zugleich Organist[63] an der Stadtkirche in Glückstadt. Damit war er wichtigster Träger der städtisch-bürgerlichen Musikkultur.

59 Vgl. *Folketællinger på Internettet Itzehoe, FT-1803, C1597.*
60 *Soll 2006, S. 271.*
61 Vgl. Eintrag im Copulationsregister der Evangelisch-Lutherischen Kirchengemeinde Glückstadt 1821 / Nr. 14.
62 Vgl. Eintrag im Taufregister der Evangelisch-Lutherischen Kirchengemeinde Glückstadt 1827 / Nr. 119.
63 Vgl. Eintrag im Taufregister der Evangelisch-Lutherischen Kirchengemeinde Glückstadt 1827 / Nr. 119; vgl. auch Halling o. J., S. 30.

Kindheit und Jugend von Adolf Semler in Glückstadt

Die Glückstädter Familie Semler wohnte hinter der Stadtkirche im Haus Am Kirchhofe 82[64] (heute: Am Kirchplatz 7[65]), und sie war ganz und gar nicht klein; Adolf Semler hatte noch zwei ältere sowie drei jüngere Geschwister, nämlich Elisabeth Sophia Katharina, geboren am 24. November 1821[66], Julius Johann Ernst, geboren am 10. Oktober 1823[67], Christian Heinrich Karl Max, geboren am 12. Oktober 1827[68], Emma

64 Vgl. *Bogs, Holger / Gehrmann, Rolf / Möller, Reimer / Lorenzen-Schmidt, Klaus-J. 1998, S. 108 f. und S. 220.*

65 *Die Lokalisierung des Geburtshauses von Adolf Semler verdankt der Verf. dem Sonderschulrektor a. D. und früheren ehrenamtlichen Leiter des Glückstädter Detlefsen-Museums, Hans-Reimer Möller in Glückstadt. Die Fassade des Hauses wurde im Jahre 1977 erneuert und dabei ihrer ursprünglichen Gestaltung beraubt. Den entsprechenden Nachweis und die Fotografie des Geburtshauses aus dem Jahre 1895 verdankt der Verf. der Technischen Angestellten Sabine McAlinden im Fachbereich Technik & Stadtentwicklung der Stadt Glückstadt. Vgl. dazu auch Bogs, Holger / Gehrmann, Rolf / Möller, Reimer / Lorenzen-Schmidt, Klaus-J. 1998, S. 220. Der Kirchplatz war ursprünglich ein Friedhof, der aber schon 1642 vor die Befestigungsanlagen und damit vor die Stadt verlegt wurde; die Bezeichnung des Kirchplatzes als Kirchhof war bis gegen 1900 gebräuchlich, vgl. Möller, Hans-Reimer: Glückstadt. Ein Führer durch das Stadtdenkmal und seine Geschichte, 4. verbesserte Auflage Glückstadt 2005, S. 32.*

66 *Vgl. Taufregister der Evangelisch-Lutherischen Kirchengemeinde Glückstadt 1821 / Nr. 12.*

67 *Vgl. Taufregister der Evangelisch-Lutherischen Kirchengemeinde Glückstadt 1823 / Nr. 141; Julius Johann Ernst Semler erscheint 1853 als „Musikus" in Itzehoe, wo er 1896 starb, vgl. Traueregister der Evangelisch-Lutherischen Kirchengemeinde Itzehoe 1853 / Nr. 63 und Todten-Register der Evangelisch-Lutherischen Kirchengemeinde Itzehoe 1896 / Nr. 165, Auszug im Stadtarchiv Itzehoe, Abteilung 97, Nr. 17, S. 6 und 9.*

68 *Vgl. Taufregister der Evangelisch-Lutherischen Kirchengemeinde Glückstadt 1827 / Nr. 119; dieser Bruder von Adolf Semler absolvierte – so ist es im Jahre 1845 belegt – eine Ausbildung zum „Stadtmusicus" bei seinem Onkel Christian Gottlieb Semler in Tondern, vgl. Folketællinger på Internettet Tondern, FT-1845, C9984.*

Christiane Johanna, geboren am 15. September 1829[69], und Karoline Dorothea Wilhelmine, geboren am 7. Dezember 1832.[70]

Glückstadt, zunächst auf dem Reißbrett entworfen und „als frühneuzeitliche polygonale Radialstadt ... einmalig im gesamten deutschen Sprachraum"[71], wurde erst am 22. März 1617 vom dänischen König Christian IV. (1577–1648) durch Unterzeichnung einer entsprechenden Urkunde gegründet und blieb, da der König von Dänemark seit 1460 zugleich Herzog von Schleswig und Holstein war, trotz einer mehr und mehr und im Herzogtum Holstein gänzlich deutsch gesinnten Bevölkerung bis zum Jahre 1864 dem absolutistisch regierten dänischen Gesamtstaat einverleibt.[72] Damit waren Vater, Mutter und Geschwister von Adolf Semler wie er selbst – wiewohl deutschsprachig und deutschgesinnt – zwangsläufig dänische Staatsbürger.

Zu der Zeit, als Adolf Semler und seine Geschwister in Glückstadt aufwuchsen, hatte die Stadt – im Jahre 1833 gezählt – 5.602 Einwohner.[73] Unter ihnen gab es allerdings – eine Folge des Staatsbankrotts von Dänemark im Jahre 1813 – überdurchschnittlich viele Arme; aber daneben gab es auch „einigen Glanz und gewissen Wohlstand", den nämlich „brachten die Beamten des Obergerichts, der Gelehrtenschule und

---

69 Vgl. *Taufregister der Evangelisch-Lutherischen Kirchengemeinde Glückstadt 1829 / Nr. 100.*

70 Vgl. *Taufregister der Evangelisch-Lutherischen Kirchengemeinde Glückstadt 1832 / Nr. 7.*

71 *Möller 2005, S. 136.*

72 *Nach dem Sieg von Preußen und Österreich im Deutsch-Dänischen Krieg musste der dänische König Christian IX. am 30. Oktober 1864 in Wien auf die Herzogtümer Schleswig und Holstein sowie Lauenburg verzichten. Bis 1866 wurden – so vereinbart im Vertrag von Gastein vom 14. August 1865 – die Herzogtümer Schleswig und Lauenburg von Preußen, das Herzogtum Holstein von Österreich von Glückstadt aus verwaltet. Doch nach dem von Preußen gewonnenen Deutschen Krieg musste Österreich am 23. August 1866 zugunsten der Preußen auf seine Rechte verzichten. Aus den drei Gebieten wurde am 12. Januar 1867 die preußische Provinz Schleswig-Holstein – entgegen der Hoffnung vieler Schleswig-Holsteiner auf eine Mitgliedschaft als eigenständiges Staatsgebilde im Deutschen Bund.*

73 *Vgl. Asmussen 1966, S. 223.*

der zwei Zuchthäuser … Durch diese Gruppe von Einwohnern wurde das kulturelle Leben des Ortes weit über den Durchschnitt gehoben. Im Ball- und Schauspielhause fanden repräsentative Festlichkeiten und anspruchsvolle Theateraufführungen, Konzerte und Operndarbietungen statt."[74] Daran – vor allem auch an deren Ausgestaltung – wird die Familie Semler mit Sicherheit beteiligt gewesen sein, denn dem Stadtmusikanten, „von Rat und Kirche fest angestellt, besoldet und bekleidet, oblag … die Ausführung aller öffentlichen instrumentalen Musik in der Stadt", außerdem war er „mit dem Privileg der alleinigen Musikaufwartung auch bei privaten Anlässen [sc. Hochzeiten, Beerdigungen etc.] ausgestattet."[75] Als so privilegierter Bürger war der Stadtmusikant zugleich „Repräsentant seiner Stadt und ihrer Führung und als solcher … eine Autorität und Respektperson."[76]

So wird die Familie Semler durch die Berufstätigkeit des Familienvaters als Stadtmusikant und Organist wohl auch ihr – sicherlich angemessenes – Auskommen gehabt haben.[77] Und ebenso sicher darf angenommen werden, dass die Kinder sämtlich die in unmittelbarer

74 Asmussen 1966, S. 221.

75 Die Musik in Geschichte und Gegenwart. Allgemeine Enzyklopädie der Musik, begründet von Friedrich Blume, 2., neubearbeitete Ausgabe, hg. von Ludwig Finscher, Sachteil Band 8, Kassel-Basel-London-New York-Prag-Stuttgart-Weimar 1998, Sp. 1719.

76 Soll 2006, S. 383.

77 Über den Großvater von Adolf Semler, Georg Joachim Ludwig Semler, führt Soll 2006, S. 327, aus, dass er in Glückstadt ein Jahreseinkommen von 685 Mark (lübisch) beziehungsweise 228 Reichstalern hatte, das allerdings durch seinen Verdienst im Theater und den privaten Musikunterricht „eher nach oben zu korrigieren wäre." Damit standen ihm und seiner Familie monatlich möglicherweise bis zu 20 Reichstaler zur Verfügung. Nach Waschinski, Emil: Währung, Preisentwicklung und Kaufkraft des Geldes in Schleswig-Holstein von 1226–1864. In: Quellen und Forschungen zur Geschichte Schleswig-Holsteins, hg. von der Gesellschaft für Schleswig-Holsteinische Geschichte, Band 26, Neumünster 1952, Anhang B, Tabelle 8, lässt sich die Kaufkraft dieses Monatseinkommens mit damals geltenden Preisen so darstellen: Schlachtvieh von circa 300 Kilogramm Lebendgewicht kostete 22 Reichstaler, eine Milchkuh kostete 14 Reichstaler und für 3 1/3 Reichstaler bekam man ein Paar Stiefel.

Nachbarschaft gelegenen Schulen – es gab eine Bürgerschule im Rathaus und die Gelehrtenschule in einem 1822 bezogenen Neubau am Kirchhofl[78] – besucht haben und schon wegen ihres Wohnsitzes im Zentrum der Stadt mit deren alltäglichen Abläufen vertraut waren.

Darüber hinaus allerdings ist über den Lebensweg von Adolf Semler in Kindheit und Jugendzeit so gut wie nichts bekannt, außer dass 1831 die Cholera über die Stadt hereinbrach und viele Opfer forderte[79] und dass schließlich seine Zeit in Glückstadt durch einen tiefen Einschnitt in das Familienleben endete: Er verlor – gut 15 Jahre alt – zunächst 1841 den Vater[80] und bald darauf 1842 die Mutter.[81] Damit waren er und seine Geschwister Vollwaisen und mussten irgendwo – entweder bei Verwandten oder auch bei den Paten – ein Zuhause finden.

Auswanderung nach Potsdam, Kriegsteilnahme sowie Firmen- und Familiengründung

Adolf Semler verließ bereits nach dem Tod seines Vaters im Jahre 1841 – wie später von ihm angegeben wirdl[82] – seine Heimatstadt Glückstadt, da zu der Zeit auch seine drei dort ansässig gewesenen Paten schon gestorben waren. Er wanderte in jenem Jahr in das preußisch regierte Potsdam aus, um dort bei seinem Onkell[83] zu wohnen, bei dem es

78 Vgl. Möller 2005, S. 33; Halling o. J., S. 40 und 74.

79 Vgl. Asmussen 1966, S. 233.

80 Ernst Christoph Julius Semler starb im Alter von 57 Jahren am 20. März 1841 in Glückstadt, vgl. Totenregister der Evangelisch-Lutherischen Kirchengemeinde Glückstadt 1841 / Nr. 41.

81 Wilhelmine Auguste Amalie Semler, geborene Flentje, starb im Alter von 41 Jahren am 4. November 1842 in Glückstadt, vgl. Totenregister der Evangelisch-Lutherischen Kirchengemeinde Glückstadt 1842 / Nr. 99.

82 Vgl. Antrag von Adolf Semler an den dänischen König auf Entlassung aus dem Untertanen- und Militärverband im Jahre 1852, Landesarchiv Schleswig-Holstein, Abteilung 80, Nr. 5302.

83 Diese Aussage findet sich im Antrag von Adolf Semler an den dänischen König auf Entlassung aus dem Untertanen- und Militärverband vom 13. Juli 1852 und dann auch im dazu erstatteten „Pflichtmäßigen Bericht der Sessionsdeputirten der Stadt Glückstadt" vom 26. Juli 1852, wo es heißt, dass Adolf Semler

sich jedoch nicht in strengem Wortsinn um seinen Onkel, sondern um Gottfried Georg Hermann Ahnesorge (1798–1867) handelte[84], der in Glückstadt geboren[85], aufgewachsen und ein Cousin von Adolf Semlers Vater war.[86] Dieser Verwandte[87] und im weiteren Sinne zur Familie

sich „nach dem Tode seines hieselbst verstorbenen Vaters bei dessen Bruder in Potsdam aufgehalten" habe. Wäre diese Angabe richtig, könnte es sich nur um Johann Gottlieb Ludwig Semler, den älteren Bruder seines Vaters, handeln; der ist jedoch zu jener Zeit in Potsdam nicht nachzuweisen, vgl. Allgemeiner Wohnungsanzeiger für Potsdam und die nähere Umgegend auf das Jahr 1842. Redigirt von dem Königl. Polizei-Rath Winckler, Berlin o. J., S. 34. Deshalb dürften sowohl die Angabe der Stadt Glückstadt wie auch die von Adolf Semler gewählte Verwandtschaftsbezeichnung nicht korrekt sein, vgl. dazu weiter unten die Anmerkungen 86, 87 und 88.

84 Vgl. Allgemeiner Wohnungsanzeiger für Potsdam und die nähere Umgegend auf das Jahr 1842 o. J., S. 1, wo G. G. H. Ahnesorge als Weinhändler in Potsdam, Am Canal 20, und als Hauseigentümer erwähnt wird.

85 Gottfried Georg Herrmann Ahnesorge wurde am 8. Januar 1798 geboren, vgl. Taufregister der Evangelisch-Lutherischen Kirchengemeinde Glückstadt 1798 / Nr. 3.

86 Maria Dorothea Ahnesorge, Ehefrau von Georg Joachim Ludwig Semler, war die Großmutter von Adolf Semler; ihr jüngerer, 1767 ebenfalls in Wesselburen geborener Bruder Johann Stephan Ahnesorge war bei der Volkszählung 1803 mit seiner Frau und vier Kindern in Glückstadt, Große Reichenstraße 44 (heute: Reichenstraße 49), wohnhaft. Johann Stephan Ahnesorge wirkte dort als Musiklehrer sowie als Organist. Als zweites seiner bei der Volkszählung erfassten vier Kinder erscheint Gottfried Georg Hermann Ahnesorge, der somit ein Cousin von Ernst Christoph Julius Semler, dem Vater Adolf Semlers, war, vgl. auch Folketællinger på Internettet Glückstadt, FT-1803, C1595, und Bogs, Holger / Gehrmann, Rolf / Möller, Reimer / Lorenzen-Schmidt, Klaus-J. 1998, S. 61.

87 Der bereits erwähnte „Pflichtmäßige Bericht der Sessionsdeputirten der Stadt Glückstadt" spricht in diesem Zusammenhang – „wie uns auch anderweitig bekannt geworden" – von einem „Oheim", was für die Bezeichnung des dargestellten Verwandtschaftsverhältnisses zwischen Gottfried Georg Herrmann Ahnesorge und Adolf Semler als durchaus möglich und zulässig erscheint, wenngleich als Oheim ursprünglich nur der Bruder oder der Schwager der Mutter bezeichnet wurde.

von Adolf Semler gehörende Gottfried Georg Hermann Ahnesorge, den Adolf Semler wahrscheinlich schon aus seiner frühen Kindheit kannte und darum Onkel nannte[88], betrieb in Potsdam, Am Canal 20, eine Weinhandlung, die am 1. April 1827 vom Kaufmann F. L. Hornburg gegründet und „nach glänzendem Aufschwung"[89] in der Garnisonsstadt Potsdam im Jahre 1838 an Gottfried Georg Hermann Ahnesorge verkauft worden war. Da sich die Weinhandlung auch unter seiner Regie weiterhin gut entwickelte, wird er sicher auch ohne Weiteres in der Lage gewesen sein, Adolf Semler bei sich aufzunehmen und ihn nach dem Verlust der Eltern zu versorgen.[90]

Adolf Semler besuchte in Potsdam zunächst noch die Schule und wurde erst dort am 12. Mai 1842 auch konfirmiert[91], womit der Übergang in das Berufsleben markiert war: Adolf Semler „erlernte das

88 *Zum Zeitpunkt der Geburt von Adolf Semler war Gottfried Georg Hermann Ahnesorge gut 27 Jahre alt; ob er sich damals und in der Folgezeit noch in Glückstadt aufhielt, war nicht zu ermitteln. Bei seiner Eheschließung am 1. August 1829 in Itzehoe wird er jedenfalls als „Weinhändler in Potsdam" bezeichnet, vgl. Trauregister der Evangelisch-Lutherischen Kirchengemeinde Itzehoe 1829 / o. Nr. / S. 297. Die Familien Semler und Ahnesorge werden jedoch schon lange vor der Geburt von Adolf Semler Umgang miteinander gepflegt haben, da Georg Joachim Ludwig Semler, der Großvater von Adolf Semler, der 1. Pate von Gottfried Georg Hermann Ahnesorge war, vgl. Taufregister der Evangelisch-Lutherischen Kirchengemeinde Glückstadt 1798 / Nr. 3; außerdem lagen die Wohnungen der beiden Familien in Glückstadt nur ungefähr 350 Meter voneinander entfernt.*

89 *Potsdamer Tageszeitung Nr. 77 vom 1. April 1927, S. 6.*

90 *Gottfried Georg Hermann Ahnesorge war verheiratet mit der aus Itzehoe gebürtigen Anna Magdalena Catharina Richter (1806–1883), vgl. Trauregister der Evangelisch-Lutherischen Kirchengemeinde Itzehoe 1829 / o. Nr. / S. 297.*

91 *Vgl. Konfirmationsregister der Evangelischen Garnisonkirche zu Potsdam 1842 / Nr. 565, Kirchenbuch-Nr. 24621 / 1 im Evangelischen Landeskirchlichen Archiv in Berlin; in der Auflistung der Konfirmanden im Konfirmationsregister wurde sogar der Konfirmationsspruch von Adolf Semler – eine Art Leitspruch für das Leben – festgehalten: „Irret euch nicht! Gott läßt sich nicht spotten. Denn was der Mensch sät, das wird er ernten" (Brief des Paulus an die Galater, Kapitel 6, Vers 7).*

Weingeschäft"[92], und man darf sicher davon ausgehen, dass er diese Lehre bei Gottfried Georg Hermann Ahnesorge absolvierte.

Ab 1849 jedoch – so formulierte Adolf Semler es im Jahre 1852 – „mußte ich auf Requisition in der Holsteinischen Armee dienen, woselbst ich als Unteroffizier im Februar 1851 wieder entlassen wurde."[93] Er stellte damit seine Teilnahme an der Erhebung der deutsch gesinnten Schleswig-Holsteiner in den Jahren 1848–1850 gegen Dänemark, dessen König ja als Herzog von Schleswig und Holstein seine Heimat regierte, in einem Antrag an die dänische Regierung so dar, dass er nicht als Freiwilliger, sondern als zum Militärdienst Verpflichteter in diesen Krieg gezogen sei, was möglicherweise deswegen opportun und interessengeleitet war, weil er mit seinem Antrag die amtlich genehmigte Entlassung aus dem dänischen Untertanen- und Militärverband erreichen wollte. In der Tat wurden nach Einführung der allgemeinen Wehrpflicht durch die provisorische Regierung in Kiel im Jahre 1848 bald alle schleswig-holsteinischen Männer ab 19 Jahren – Adolf Semler war damals fast 23 Jahre alt – in den Städten in Lageregistern erfasst[94]; Adolf Semler – wiewohl außerhalb seiner Heimat lebend – wurde im Rahmen dieser Erfassung 1849 in Glückstadt in das Lageregister Lage 4 № 15 eingetragen[95], musste Potsdam verlassen und wurde noch „in demselben Jahre als Musquetier[96] zum derzeitigen 2ten Battaillon ausgehoben."[97] Nach dem dänischen Sieg in der entscheidenden Schlacht von Idstedt bei Schleswig am 25. Juli 1850 war der Versuch, die dänische Herrschaft abzuschütteln, jedoch gescheitert; die Schleswig-Holsteinische Armee

---

92 *Antrag von Adolf Semler an den dänischen König auf Entlassung aus dem Untertanen- und Militärverband im Jahre 1852.*

93 *Ebd.*

94 *Vgl. Schlürmann, Jan: Die Schleswig-Holsteinische Armee 1848–1851, Tönning, Lübeck und Marburg 2004, S. 236 f.*

95 *Vgl. Antrag von Adolf Semler an den dänischen König auf Entlassung aus dem Untertanen- und Militärverband im Jahre 1852.*

96 *Als Musketier wurde der einfachste Dienstgrad bei der Linieninfanterie bezeichnet.*

97 *Antrag von Adolf Semler an den dänischen König auf Entlassung aus dem Untertanen- und Militärverband im Jahre 1852.*

kapitulierte am 11. Januar 1851 und wurde aufgelöst. „Sofort begab ich mich nach Potsdam zurück", erklärte Adolf Semler später.[98]

Politisch hatten Preußen und sein König Friedrich Wilhelm IV. (1795–1861) allerdings zu der Zeit auch sehr unruhige Jahre hinter sich. Im März 1848 war mit Unruhen in Berlin – wie in anderen Ländern Europas – eine Revolution ausgebrochen, die von bürgerlich-demokratischen und nationalen Einheitsbestrebungen und der Erhebung gegen die Restaurationsbemühungen der Herrscherhäuser in Mitteleuropa getragen war. Zwar trat daraufhin in Preußen am 2. Februar 1850 eine neue Verfassung in Kraft, aber die Machtposition des Königs blieb darin doch unangetastet, womit der Versuch, einen demokratisch verfassten, einheitlichen deutschen Nationalstaat zu schaffen, gescheitert war.

Diese politische Entwicklung behinderte aber das Bemühen Adolf Semlers, sich nach seiner Rückkehr nach Potsdam – inzwischen immerhin gut 25 Jahre alt – endlich auch eine dauerhafte berufliche Zukunft zu schaffen, letztlich nicht. Mit diesem Bemühen dürfte – wenn auch nicht restlos aufzuklären – in Verbindung stehen, dass Gottfried Georg Hermann Ahnesorge am 10. Februar 1851 seine Weinhandlung in Potsdam mit Wirkung vom 1. Juli 1851 an den ebenfalls in Potsdam wohnhaften Kaufmann Johann Christoph Eduard Zaelke (1822–1898) verkaufte.[99] Mag sein, dass Gottfried Georg Hermann Ahnesorge nicht mehr mit der Rückkehr von Adolf Semler aus dem Krieg rechnete, mag aber auch sein, dass die Rückkehr von Adolf Semler nach Potsdam tatsächlich schon Anfang Februar 1851 erfolgte, dann ließe sich dieser Verkauf an Johann Christoph Eduard Zaelke als alleinigen Käufer auch damit erklären, dass Adolf Semler zwar die Weinhandlung gemeinsam mit ihm betreiben wollte, dazu aber als – noch und nur – dänischer Staatsbürger eine Genehmigung der preußischen Behörden brauchte und diese zunächst nicht hatte. Deshalb stellte Adolf Semler schließlich am 13. Juli 1852 einen Antrag an den dänischen König auf Entlassung aus dem Untertanen- und Militärverband und führte darin aus, dass er „jetzt das Weingeschäft meines Onkels mit einem Compagnon über-

98 Ebd.

99 Vgl. Kaufvertrag vom 10. Februar 1851, Brandenburgisches Landeshauptarchiv, Bestand 105, Zentrales Grundbucharchiv, Grundakte Potsdam, Band 10, Blatt 745.

nommen [habe]"[100], und im Zusammenhang damit – Grund für diesen Antrag – würde „von der preußischen Behörde ein Attest verlangt, daß ich meiner Militairpflicht [sic!] genügt habe."[101] Dem Antrag wurde – mit der Auflage zur Zahlung einer Gebühr – entsprochen, und am 19. August 1852 wurde seitens der dänischen Regierung mitgeteilt: „Auf allerunterthänigste Vorstellung des Ministeriums haben Seine Majestät der König unterm 16. d. M. Allerhöchst zu resolviren geruht, daß der Landmilitairpflichtige Ernst Conrad Ingwer Adolph Semler aus Glückstadt aus dem Unterthanen- u. Militairverbande zu entlassen, im Lageregister zu deliren und behufs seiner Niederlassung in Potsdam im Königreich Preußen mit einem Abzugsschein zu versehen sei".[102] Damit konnte Adolf Semler das von seinem Onkel schon übernommene Geschäft endlich als Weingroßhandlung Zaelke & Semler in Potsdam, Am Canal 20 (heute: Yorckstraße 2), rechtmäßig mit seinem Partner weiterführen, ohne befürchten zu müssen, noch zum mindestens zweijährigen Militärdienst in Preußen einberufen zu werden, was eine Fortsetzung seiner Geschäftätigkeit sicher unmöglich gemacht hätte. Dementsprechend erklärte Johann Christoph Eduard Zaelke noch im gleichen Jahr in einer anderen notariellen Urkunde, dass die von ihm „in Gemeinschaft mit dem hiesigen Kaufmann Adolph Semmler [sic!]" geführte Weinhandlung eine „uns beiden gemeinschaftlich gehörige hiesige Handlung"[103] sei. Unter dem Namen „Zaelke & Semler. Weingrosshandlung" bestand diese Firma – Eigentümer waren bis dahin allerdings verschiedene andere – bis 1945.

Während seines Kriegsdienstes in Schleswig-Holstein hatte Adolf Semler auch seine künftige Ehefrau kennengelernt, die sich in einem

100 Antrag von Adolf Semler an den dänischen König auf Entlassung aus dem Untertanen- und Militärverband im Jahre 1852.
101 Ebd.
102 Ebd.
103 Hypothekeneintragung vom 10. Dezember 1852, Brandenburgisches Landeshauptarchiv, Bestand 105, Zentrales Grundbucharchiv, Grundakte Potsdam, Band 10, Blatt 745.

Links: Adolf Semler mit seinem Geschäftspartner Johann Christoph Eduard Za-
elke (r.) und einem weiteren Compagnon (l.) in Potsdam 1860. Fotografie von
N. N., 1860; freundlicherweise vom Amalthea Signum Verlag in Wien als Scan
zur Verfügung gestellt. Rechts: Die Weingroßhandlung Zaelke & Semler in Pots-
dam, Am Canal 20, um 1910. Fotografie von N. N., um 1910; freundlicherweise
von Klaus Hellenthal in Berlin aus der Sammlung im Internet unter www.Grus-
sAusPotsdam.de, Karten-Nr. 699, als Scan zur Verfügung gestellt.

Lazarett um verwundete schleswig-holsteinische Soldaten kümmerte[104]
und auch den in der Schlacht von Idstedt schwer verwundeten Adolf
Semler pflegte.[105] Sie war die am 14. Januar 1828 geborene Tochter
des Kupferschmieds sowie Armenvorstehers Johann Georg Borgfeldt
(1786–1861) und dessen Ehefrau Elsabea Katharina Peters in Meldorf.[106]
Am 22. September 1854 heirateten die 26jährige – für damalige Verhältnisse schon „alte Jungfer" – Elsabea Friederike Borgfeldt und der an
jenem Tage 29jährige Adolf Semler im Meldorfer Dom.[107]

---

104 *Deren älterer Bruder Friedrich Borgfeldt hatte sich schon früh als Freiwilliger*
   zur Teilnahme an der schleswig-holsteinischen Erhebung gemeldet, vgl. Reimer
   2011, S. 6 f.

105 *Der Verf. folgt hier der Darstellung von Tinzl-Semler, George: Die frierende*
   Venus. Roman einer Familie, Wien 2009, S. 39.

106 *Vgl. Taufregister der Evangelisch-Lutherischen Kirchengemeinde Meldorf 1828 /*
   Nr. 10.

107 *Vgl. Trauregister der Evangelisch-Lutherischen Kirchengemeinde Meldorf 1854 /*
   Nr. 40.

In Potsdam war Adolf Semler mit seiner Frau beziehungsweise seiner Familie zunächst wohnhaft in der Bäckerstraße 1, einem unweit des Firmensitzes gelegenen Haus; das zahlenmäßige Anwachsen der Familie bedingte dann allerdings den Umzug in größere Wohnungen.[108] Das wurde sicher auch durch die wirtschaftlich positive Entwicklung der Weingroßhandlung Zaelke & Semler begünstigt, die sich nicht zuletzt in einem stattlichen Gebäude als Firmensitz ausdrückte und die sich damit ein äußeres Erscheinungsbild gab, das der Bedeutung von Potsdam als Residenz der preußischen Könige, als Garnisonsstandort und auch als Beamtenstadt entsprach. Und wenn auch mit der Proklamation des preußischen Königs Wilhelm I. zum deutschen Kaiser am 18. Januar 1871 im Spiegelsaal des Schlosses Versailles nunmehr Berlin das politische wie auch wirtschaftliche Zentrum des Deutschen Reiches wurde, so konzentrierte sich doch weiterhin in der Militärstadt Potsdam eine Elite von Adel und Militär, die – sicher auch zum Vorteil der Weingroßhandlung Zaelke & Semler – eine Gesellschaftsschicht mit erheblicher Kaufkraft darstellte.

Der Aufenthalt im Schnalstal: Anfeindungen seitens des Ortspfarrers

Als „Adolf Semmler [sic!] von Potsdam mit seiner leidenden Frau und zwei Kindern im Alter von 14 und 17 Jahren[109] am 14. Juni [sc. 1878] zu Unser-Frau im sogenannten Tanzhause Aufenthalt nahmen" und – wohl im Zusammenhang damit – auch Friedrich Borgfeldt „wieder im Thale erschien"[110], kam es ganz offensichtlich zu Anfeindungen des katholischen Ortspfarrers in Unser Frau im Schnalstal, Sebastian Innerhofer (1825–1905), gegen diese Gäste evangelischer Konfession. Ihre länger währende Anwesenheit im Wirtshaus „Zum Tanzhauser" wie auch der wahrscheinlich nur kurzzeitige Aufenthalt von Friedrich Borg-

---

108 Vgl. *Melderegister Potsdams 1855–1883, S. 4; ab 1864 bis 1879 wurden von der Familie dann Wohnungen in der Hoditzstraße 8, Hoditzstraße 15, Jägerstraße 28 und Großen Weinmeisterstraße 2 bezogen.*

109 *Angesichts der Altersangaben muss es sich um die beiden Kinder Emma Friederike und Georg Christian Friedrich handeln.*

110 *Constitutionelle Bozner Zeitung № 291 vom 18. Dezember 1878, S. 2.*

feldt scheint den Ortspfarrer dermaßen erregt zu haben, dass er sich zu Ausfällen gegen diese Gäste hinreißen ließ und ihre baldige Abreise zu erreichen suchte. Adolf Semler gab später vor Gericht als Zeuge zu Protokoll, „daß seine Frau durch das feindselige Verhalten des Pfarrers sich sehr beängstigt und bedroht gefühlt habe."[111] Trotz aller Beschwichtigungsversuche seitens einiger Talbewohner führte dies dazu, dass Elsabea Friederike Semler sich „nicht mehr abhalten [ließ], das Thal in den nächsten Tagen [sc. Ende Juni] zu verlassen"[112], mehr noch, sie war „derart erschreckt ..., daß sie ein paar Tage nach Verlassen des Thales das Bett hüten mußte."[113]

Der Prozess in Bozen

Über diese Vorkommnisse im Schnalstal im Sommer 1878 kam es zu einem Prozess, weil „die Gendarmerie gegen den Pfarrer die Anzeige erstattete".[114] Wäre dies nicht geschehen, hätte wohl auch Friedrich Borgfeldt, der ein durchaus streitbarer Mann war[115], seinen Schwager dazu bewogen oder auch selbst im Zusammenwirken mit dem Alpenverein eine Klage angestrengt haben können. Nun aber kam es durch die genannte Anzeige am 17. Dezember 1878 zu einer Hauptverhandlung vor dem k. k. Schwurgericht in Bozen über die von der k. k. Staatsanwaltschaft in Bozen am 31. Oktober 1878 gegen Pfarrer Sebastian Innerhofer erhobene Anklage; die Verhandlung begann um 9.30 Uhr und endete – mit einer zweistündigen Unterbrechung – erst am Abend nach der Urteilsverkündung um 19.30 Uhr.

Was der angeklagte Pfarrer Sebastian Innerhofer allerdings tatsächlich im Einzelnen unternommen hatte, um die ungeliebten Gäste evangelischer Konfession aus dem Schnalstal zu vertreiben, ist nicht mehr in allen Einzelheiten eindeutig zu erheben.

---

111 *Ebd., S. 3.*

112 *Ebd., S. 2.*

113 *Protokoll im Staatsarchiv Bozen, Fasc. C. № 175 / 1878, Strafakte gegen Innerhofer Sebastian Pfarrer in Unserfrau, Vergehen nach § 302 StG.*

114 *Ebd.*

115 *Vgl. Reimer 2011, S. 8 f.*

Festzustehen scheint jedoch, dass Pfarrer Sebastian Innerhofer die Anwesenheit von Menschen nicht katholischer Konfession generell als eine Belastung seiner katholischen Gemeindeglieder ansah und darum die Familie Semler gerne des Tales verwiesen wissen wollte. Die diesbezüglichen Anschuldigungen gipfelten darin, er habe verkündigt, „daß derjenige, der mit Andersgläubigen umgeht und sie in sein Haus aufnimmt, exkommunicirt [sic!] und von der kath. Kirche ausgeschlossen sei"[116], ferner habe er zwei Knechte aufgefordert, „der Familie Semler zu bedeuten, daß sie sich in einigen Tagen aus dem Thale hinausmachen sollen, da es ihnen sonst nicht gut gehen könnte, weil die Leute, welche keinen Andersgläubigen dulden, auf sie böse wären"[117], und schließlich habe er dem Postboten, einem Bruder der „Tanzhauser"-Wirtin, „unter Hinweisung auf die Lehren der katholischen Religion, daß man mit Protestanten nicht verkehren dürfe, verbot[en], der Familie Semmler Weißbrod [sic!] in das Thal zu bringen, damit sie Schnals verlassen müsse".[118]

Auch die Zeugenaussagen brachten die tatsächlichen Vorgänge nicht in eindeutiger Klarheit ans Licht. Als erster Zeuge erschien Adolf Semler, danach sagten fünf Zeugen gegen den Pfarrer aus, während die fünf Entlastungszeugen sich in Ausreden wie „nichts gehört zu haben", „vergesslich zu sein" oder „sich nicht mehr erinnern zu können" flüchteten.[119]

Der Prozess endete an jenem Verhandlungstage schließlich damit, „daß Seb. Innerhofer, nachdem die Geschworenen ... die Eventualfrage auf Ehrenbeleidigung im Sinne des §. 496 St. G. ... einstimmig bejaht hatten, dieser Uebertretung schuldig erkannt und zu 50 Gulden Geld-

---

116 *Protokoll im Staatsarchiv Bozen, Fasc. C. № 175 / 1878, Strafakte gegen Innerhofer Sebastian Pfarrer in Unserfrau.*

117 *Ebd.; Pfarrer Sebastian Innerhofer wollte allerdings vor Gericht, wie das Protokoll belegt, diese Anschuldigung dahingehend verstanden wissen, er habe die Familie Semler nur warnen wollen, „daß sie, um Behelligungen seitens der Thalbewohner zu entgehen, besser thue, sich baldigst zu entfernen. Diese Warnung sei aus reinem Wohlwollen entsprungen".*

118 *Constitutionelle Bozner Zeitung № 291 vom 18. Dezember 1878, S. 2.*

119 *Vgl. Protokoll im Staatsarchiv Bozen, Fasc. C. № 175 / 1878, Strafakte gegen Innerhofer Sebastian Pfarrer in Unserfrau.*

strafe, eventuell 10 Tagen Arrests verurtheilt wurde"[120]; außerdem wurde ihm der Ersatz der Strafverfahrenskosten auferlegt. Alles in allem war das wohl ein für den Pfarrer Sebastian Innerhofer noch verhältnismäßig günstiger Prozessausgang. So bestätigte denn auch die Gemeindevorstehung Schnals bereits am 22. Dezember 1878 den Erhalt von 50 Gulden „als Strafgeld von Sebastian Innerhofer Pfarrer in Unserfrau".[121]

Der Prozessausgang im Kontext der katholischen Kirche

Gerade weil die katholische Kirche damals und noch lange danach bemüht war, die katholische Glaubenseinheit in Tirol zu erhalten und darum jede andere Konfession in diesem Land – vor allem die protestantische – abzuwehren, und auch weil der Tiroler Landtag mit seiner konservativen klerikalen Mehrheit in jenen Jahren alles daran setzte, jede protestantische Gemeindebildung sowie die Errichtung von protestantischen Sakralbauten zu verhindern[122], konnte der katholischen Kirche der Ausgang des Prozesses gegen Pfarrer Sebastian Innerhofer nicht gleichgültig sein, denn die Verurteilung eines katholischen Pfarrers, der doch nur das Eindringen protestantischer Fremder in angestammtes katholisches Gebiet verhindern wollte, durch ein weltliches Gericht – zumal „unter großem Andrange des Publicums"[123] – und die umfassende Berichterstattung darüber in der Presse bedeuteten durchaus einen Schaden für das Ansehen der katholischen Kirche und eine ungewollte wie auch unerwünschte Stärkung aller liberalen Kräfte im Lande. Natürlich wollte man – wie Pfarrer Sebastian Innerhofer es getan hatte – dem Protestantismus entgegentreten, aber man wollte es doch kaum, ja, sicher nicht in einer Form, die zu Gerichtsverhandlungen gegen katholische Pfarrer und zu deren Verurteilung führte oder auch nur führen konnte. Gerade dies aber hatte Pfarrer Sebastian Innerhofer provoziert und herbeigeführt, weshalb sein Pfarrdienst denn auch nicht

---

120 *Bote für Tirol und Vorarlberg № 292 vom 19. December 1878, S. 2273; vgl. auch Protokoll im Staatsarchiv Bozen, Fasc. C. № 175 / 1878, Strafakte gegen Innerhofer Sebastian Pfarrer in Unserfrau.*

121 *Ebd.*

122 *Vgl. dazu auch Reimer 2009, S. 78 ff.*

123 *Bote für Tirol und Vorarlberg № 292 vom 19. December 1878, S. 2273.*

unumstritten blieb. Pfarrer Sebastian Innerhofer starb 80jährig am 1. April 1905 in Tschars (Vinschgau).

Er scheint allerdings in seiner aggressiven Haltung gegenüber Protestanten doch wohl eher eine Ausnahmeerscheinung gewesen zu sein. Zwar war auch die Haltung seiner Amtskollegen jenen gegenüber generell ablehnend, und man war durchaus bemüht, jede protestantische Religionsausübung abzuwehren, aber man hinderte als Pfarrer doch seine katholischen Gemeindeglieder nicht oder höchst selten am Umgang mit ihnen, da ja die Protestanten in Südtirol so gut wie gänzlich Gäste waren, die sich in der Regel für eine begrenzte Zeit, allerdings oftmals auch dauerhaft im Lande aufhielten, in jedem Fall aber Geld mitbrachten und damit den Einheimischen zusätzliche Einnahmen und oftmals sogar eigenen Wohlstand verschafften. Diese Auswirkungen durfte auch ein katholischer Pfarrer nicht unwidersprochen behindern oder gar verhindern!

Kuraufenthalt in Meran

Unmittelbar nach der Abreise aus dem Schnalstal Ende Juni 1878 scheint die Familie Semler sich nach Meran begeben zu haben und dort auch längere Zeit geblieben zu sein; jedenfalls waren sie auch im Winter 1878/79 – also während des Prozesses in Bozen – und im Frühjahr 1879 dort. In dieser Zeit wird dann der Entschluss gereift sein, nunmehr doch dauerhaft in Südtirol zu bleiben, denn am 30. April 1879 meldete die Familie Semler sich in Potsdam nach Meran ab[124], wobei die Tochter Emma Friederike, am 20. Juni 1864 in Potsdam geboren und fast 15 Jahre alt, mit den Eltern dorthin zog, während der Sohn Georg Christian Friedrich, am 22. Juli 1861 in Potsdam geboren, noch im Jahre 1878 nach Amerika aufbrach; die älteste Tochter, die am 6. Juli 1855 in Potsdam geborene Agnes Johanna Amalie, genannt Nanny, war schon im Oktober 1877 nach New York (USA) ausgewandert[125], und der älteste

---

124 *Vgl. Melderegister Potsdams 1879 im Stadtarchiv Potsdam.*

125 *Vgl. Melderegister Potsdams 1877 im Stadtarchiv Potsdam; sie heiratete am 15. Oktober 1877 in Potsdam den jüngsten Bruder ihrer Mutter, Georg Borgfeldt (1833–1903), der 1853 in die USA auswanderte und dort ein außerordentlich erfolgreicher Geschäftsmann war. In New York betrieb er zuletzt die Firma Geo.*

Die „Villa Stadlerhof" in Obermais im Jahre 1880. Fotografie von N. N., 1880; Stadtmuseum Meran, Inventarnummer 4388.103.

Sohn Ernst Julius Adolf, am 4. Februar 1859 in Potsdam geboren, hatte sich bereits am 17. April 1876 in Potsdam nach Kiel abgemeldet[126], um dort bei der 1872 begründeten Kaiserlichen Marine zu dienen und 1879 sein Seeoffizierspatent zu erwerben.[127]

Der Kauf der „Villa Stadlerhof"

Zum Ende des Jahres 1881 wurde Adolf Semler dann auch Hausbesitzer in Meran – „wohl auf Veranlassung seines Schwagers, des Kirchspiel-vogts Friedrich Borgfeldt"[128]: „Der Stadlerhof in Obermais wurde", so meldete die „Meraner Zeitung" am 24. November 1881, „in der letzt stattgefundenen Versteigerung von Herrn Adolf Semler aus Holstein erstanden"[129], was diese Zeitung am 29. November 1881 dahingehend präzisierte, „daß bei der exekutiven Versteigerung dieser Villa am 15. d.

Borgfeldt & Company, die unter diesem Namen weit bis in das 20. Jahrhundert hinein nachgewiesen ist.

126 *Vgl. Melderegister Potsdams 1876 im Stadtarchiv Potsdam.*

127 *Vgl. Tinzl-Semler 2009, S. 155 f.*

128 *Hengstenberg, Rudolph: Lebenserinnerungen. Vierter Teil: Meran im letzten Viertel des neunzehnten Jahrhunderts, Wannsee bei Berlin 1916, S. 160.*

129 *Meraner Zeitung Nr. 107 vom 24. November 1881, S. 4.*

M. ... Herr Baron Leon der Ersteigerer des Stadlerhofes war" und „daß Herr Baron Leon den Stadlerhof inzwischen an Herrn Adolf Semler ... weiter verkauft hat".[130]

Moritz Reichsritter von Leon (1843–1899) hatte im Jahre 1867 nicht nur das in Obermais gelegene Schloss Trauttmansdorff und weitere Liegenschaften geerbt, sondern auch die inzwischen denkmalgeschützte, einstöckige „Villa Stadlerhof" im St. Valentiner Fahrweg 93 (heute: St.-Valentin-Straße 10), also unweit seines Schlosses, erbauen lassen. Sie war nicht als „Pensionsvilla" gedacht, „sondern wurde meistens komplett mit dem dazugehörigen Garten vermietet. ... Die Villa hat seit ihrer Entstehung kaum Veränderungen erfahren. Sie hat eine sehr einfache Gestalt"[131], beherbergte aber schon bald illustre Gäste, nämlich in der Wintersaison 1870/1871 die 14jährige Erzherzogin Gisela, Tochter der gleichzeitig auf Schloss Trauttmansdorff logierenden Kaiserin Elisabeth („Sisi") von Österreich, sowie deren Gefolge[132] „und später Erzherzog Karl Ludwig mit seinen zwei Söhnen Erzherzog Franz Ferdinand und Erzherzog Otto.[133] Auch weiland Kaiserin Elisabeth weilte gern zu jener Zeit in dem lauschigen, schattigen Garten des ,Stadlerhofes'."[134] Moritz Reichsritter von Leon konnte allerdings seinen umfangreichen Besitz nicht halten, weshalb auch die „Villa Stadlerhof" zum Verkauf stand. Die Eigentumsübertragung erfolgte mit dem am 31. Dezember 1881 unterzeichneten Kaufvertrag[135], durch den die „Villa Stadlerhof" mit Nebengebäuden, Garten und Wasserrecht für den Kaufpreis von

---

130 *Meraner Zeitung Nr. 109 vom 29. November 1881, S. 3.*

131 *Pixner Pertoll, Anna: Ins Licht gebaut. Die Meraner Villen, ihre Gärten und die Entwicklung der Stadt (1860–1920). Mit Beiträgen von Hans Heiss, Waltraud Kofler Engl, Walter Gadner und Magdalene Schmidt, Helmut Stampfer, Bozen 2009, S. 37.*

132 *Vgl. Meraner Kurliste. Winter-Saison 1870 / 71. Nr. 1 vom 6. November 1870, S. 1 f.*

133 *Vgl. Meraner Kurliste. Frühlings-Saison 1871. Nr. 6 vom 19. Mai 1871, S. 1; Erzherzog Franz Ferdinand (1863–1914) war seit 1896 Thronfolger von Österreich-Ungarn, seine Ermordung am 28. Juni 1914 in Sarajevo gilt als Auslöser für den Ersten Weltkrieg.*

134 *Meraner Zeitung Nr. 35 vom 22. März 1903, S. 5.*

135 *Vgl. Verfachbuch Meran 1882, fol. 50 ff., im Südtiroler Landesarchiv.*

10.200 Gulden österreichischer Währung – bar bezahlt – auf Adolf Semler überging. Davor hatte Friedrich Borgfeldt diese Villa einschließlich Garten seit dem 15. Dezember 1875 für die Dauer von zunächst fünf Jahren gepachtet.[136] Der Einzug der Familie Semler scheint allerdings erst im Laufe des Jahres 1882 erfolgt zu sein, das Adressbuch des Kurortes Meran gibt jedoch bereits in seiner Ausgabe von 1882 Adolf Semler als Eigentümer und Bewohner an.[137]

Während also Friedrich Borgfeldt seinem Schwager und seiner Schwester behilflich war, ein eigenes Haus und damit eine dauerhafte Bleibe in Meran zu finden, hatte er selbst sich zuvor noch bemüht, Meran wieder zu verlassen und „eine passende Stellung im deutschen Reich nichtpreußischen Antheils" zu bekommen, weil „ich von meiner Pension … nicht leben kann".[138] Dieses Bemühen blieb allerdings erfolglos. Friedrich Borgfeldt starb am 4. Januar 1884 im Alter von 57 Jahren in Meran.[139]

Sesshaft in Meran

Der Hauskauf und die damit verbundene Sesshaftwerdung eines Norddeutschen mit seiner Familie in Meran war in damaliger Zeit nichts Ungewöhnliches: „Es gab damals schon eine reichsdeutsche … Kolonie …, welche sich dauernd im herrlichen Klima, meist aus Gesundheitsrücksichten, niedergelassen und vielfach Besitz erworben … hatten."[140]

136 Vgl. Pachtvertrag vom 8. Dezember 1875 im Südtiroler Landesarchiv, Verfachbuch Meran 1876, fol. 129.

137 Vgl. Adressbuch des Kurortes Meran. Meran, Obermais, Untermais und Gratsch, Meran 1882, S. 70.

138 Schreiben von Friedrich Borgfeldt vom 27. August 1880 an den aus Schleswig-Holstein gebürtigen Geheimen Staatsrath Karl Samwer (1819–1882) in Gotha, Landesarchiv Schleswig-Holstein, Abteilung 399.52 Nr. 150.

139 Vgl. Todten-Buch der Evang. Gemeinde A.B. Meran 1884 / Nr. 1; Friedrich Borgfeldt wurde in Südtirol vor allem dadurch bekannt, dass er den von der Hochwasserkatastrophe im Jahre 1882 Geschädigten mit einer sehr erfolgreichen Spendensammlung in seiner Heimat Schleswig-Holstein half, vgl. Reimer 2011, S. 4 ff.

140 Hengstenberg 1916, S. 49.

Die Familien Semler und Borgfeldt vermutlich 1898 im Park der „Villa Stadler-hof": (hintere Reihe v. l. n. r.) Adolf Semler, Georg Borgfeldt, Johanna Borgfeldt, Ernst Semler, Cuno Feldmann, (vordere Reihe v. l. n. r.) Georg Semler, Bertha Schedler-Semler, Friederike Semler, geborene Borgfeldt, mit Enkelin Marianna Semler, Anna Kuhn, spätere Ehefrau von Ernst Semler, Emma Feldmann, geborene Semler; auf dem Boden sitzen die drei Kinder von Georg und Bertha Semler. Aufnahme: N. N., vermutlich 1898; freundlicherweise von Dr. George C. Tinzl in Bozen zur Verfügung gestellt.

Aus dieser „Kolonie" kamen „die Gründer und Stammhalter einer wöchentlichen ‚Obermaiser Tafelrunde'"[141], die sich in der Restauration „Georgenmühle" im Obermaiser Fahrweg 11 (heute: Bereich Cavourstr. 75–85) traf. Wohl nicht nur in dieser Runde galt Adolf Semler als „ein jovialer früherer Potsdamer Groß-Weinhändler".[142]

An alledem wird deutlich, dass die Familie Semler in Meran bald gut integriert war. Die familiäre Verbundenheit zu Ida Borgfeldt, der Ehefrau des 1884 verstorbenen Bruders und Schwagers Friedrich Borgfeldt,

141 Hengstenberg 1916, S. 49.
142 Hengstenberg 1916, S. 160.

wird zwar nirgendwo erwähnt, erscheint aber als naheliegend, da Friederike und Adolf Semlers älteste Tochter Johanna Borgfeldt im Jahre 1887 eine Meraner Villa kaufte und ihrer Tante Ida Borgfeldt zur Nutzung überließ. Ida Borgfeldt starb 70jährig am 8. November 1908.

Adolf Semler starb „nach schwerem, mit unsagbarer Geduld ertragenem Leiden"[143] – der Totenschein nennt als Todesursache ein „Carcinom der Speiseröhre"[144] – am 16. November 1899 im Alter von 74 Jahren in seiner Meraner Villa und wurde am 20. November 1899 auf dem alten Evangelischen Friedhof in Meran, der sich östlich der Spitalkirche zum Heiligen Geist befand, beerdigt. Friederike Semler, die vom Tod ihres Ehemannes „tiefgebeugte"[145] Trauernde, starb fünf Jahre später am 9. Dezember 1904 im Alter von gut 76 Jahren in der „Villa Stadlerhof" und wurde am 11. Dezember an der Seite ihres Ehemannes beigesetzt.[146] Sucht man zum Tod von Adolf Semler vergeblich eine Würdigung in der „Meraner Zeitung", so schrieb diese nun: „Die Worte, daß Güte, starke Liebe und Willensstärke den Landeskindern Schleswig-Holsteins eigentümlich sein sollen, bewahrheiteten sich an der Verstorbenen bis zum letzten Augenblick als ein ausgeprägter Charakterzug ihres nordischen Vaterlandes."[147] Später, im Zusammenhang mit der im Jahre 1910 von der Gemeinde Untermais erzwungenen Aufhebung des alten Evangelischen Friedhofs, ließen die Kinder den Grabstein vom Elterngrab entfernen[148]; ob er und wo er danach möglicherweise aufgestellt und somit zumindest als Gedenkstein erhalten wurde, ist nicht bekannt. Der „Stadlerhof" jedoch ist bis heute in Familienbesitz.

---

143 *Todesanzeige in der Meraner Zeitung Nr. 139 vom 19. November 1899, S. 7.*
144 *Vgl. Todtenbeschau-Befund im Stadtarchiv Meran, Signatur SAM GA OM 72.*
145 *Danksagung in der Meraner Zeitung Nr. 141 vom 24. November 1899, S. 12.*
146 *Vgl. Todtenbuch der Evang. Gemeinde A.B. Meran, Band X, 1904, S. 285, Nr. 50.*
147 *Meraner Zeitung Nr. 149 vom 11. Dezember 1904, S. 2.*
148 *Im Begräbnisbuch Alter Friedhof der Evang. Gemeinde A.B. Meran ab 1861-1910 findet sich zum Eintrag Nr. 870 im Jahr 1899 der Vermerk: „Grabstein v. Angehörigen abgetragen."*